고등학생을 위한 정상으로 통하는

고등학생을 위한 **정상**으로 **통**하는 **논술**

박종석 지음

저자소개

저자 박종석(朴鍾錫)은 경남 산청군에서 태어나 동아대학교 국어국문학과를 졸업했고, 동 대학원에서 『송욱문학연구』로 문학박사학위를 받았다. 이후 전공 관련 서적 『송욱평전』(2000), 『한국현대시의 탐색』(2001), 『작가연구방법론』(2002/수정판 3쇄, 2003), 『비평과 삶의 감각』(2004), 『현대시분석방법론』(2005), 『조연현 평전』(2006) 등을 출판했다. 특히 『작가연구방법론』은 2003년도 '문화관광부 우수학술도서'로 지정되어 대학(원) 교재로 사용되고 있다. 또 『현대시분석방법론』으로 '2005년 울산작가상'을 수상했다. 현재 현대시에 관한 논의와 작가 연구에 대한 관심을 가지고 있다. 뿐만 아니라 '보편적 글쓰기'와 '토의·토론'에 대한 새로운 관심을 가지고 있다.

저자는 울산대, 부경대, 동아대 등에서 '글쓰기'와 '발표와 토론' 등을 강의하고 있으며, 울산 제일고등학교에서 학생들을 가르친다. 또 전국 규모의 대학수학능력시험을 출제한 바가 있으며, 서울대성학원 <논술모의고사>를 출제하고 있다. 이 책은 저자가 오랫동안 글쓰기 강의에서 준비한 자료와 입시 관련 경험을 살려 집필했다. 저자는 책에서 현학적이며 원론적이기보다는 논술의 본질에 대한 여러 가지 고민과 교과 관련 논술, 입시 논술에 대한 전반적인 논의를 하고 있다. 따라서 기존의 단순한 짜깁기의 논술서와 달리 입시 현실과 밀착해서 집필한 책이기 때문에 글쓰기와 논술에 관한 안내서 역할을 할 수 있을 것이다.

고등학생을 위한 정상으로 통하는 논술

초판 인쇄 2007년 4월 2일 | **초판 발행** 2007년 4월 12일

지은이 박종석 | **펴낸이** 최종숙
편 집 박소정 | **펴낸곳** 도서출판 글누림
주 소 서울시 서초구 반포4동 577-25 문창빌딩 2F
전 화 3409-2055 | FAX 3409-2059 | **이메일** nurim3888@hanmail.net
등 록 2005년 10월 5일 제303-2005-000038호
ISBN 978-89-91990-49-4 53370

정 가 10,000원

*파본은 교환해 드립니다.

글머리

요즘 화두는 단연코 논술(論述)이라고 해도 과언이 아니다. 대학 입시에서 언론, 교사 임용, 고위 공무원 시험에 이르기까지 논술 천국을 방불케 한다. 뿐만 아니라 여러 대학에서 글쓰기 혹은 논술, 토론과 토의라는 강의가 이루어지고 있다. 필자는 대학 강의뿐만 아니라 간혹 대학 입시를 앞둔 수험생의 글들을 고쳐주거나 추천서를 쓴 적이 있다. 요즘은 그 어느 시점보다도 논술을 요구하는 시대가 되었다. 여태껏 필자는 문학 전공자로서 문학적 글쓰기에 몰두했었다. 그런데 현실적 여건으로 인해 일정한 도달점을 지나야 하는 통과제의(通過祭儀)적 글쓰기, 즉 보편적 글쓰기 시대가 되면서 자연스럽게 논술에 대한 관심을 가지게 되었다. 더구나 대학 진학의 중요한 변수인 논술에 대한 교육이 절실한 이 때, 현장 고교 교사로서 논술에 대한 현실적 책임감이 절박했다. 이 졸저의 곳곳에 이런 징후들을 발견하게 될 것이다. 그래서 논술이 필요한 이들에게 실제 도움이 되는 지침서 내지는 안내서가 필요하리라 생각하였다. 실제 논술과 관련한 책들이 이미 많이 쏟아져 나와 있다. 하지만 이들 책들은 논술에 대한 현학적 내용들을 갖추고 있어 이해하는 데 다소 어려운 점이 있고, 또 너무 학문적이거나 원론적인 책들은 실제 논술을 제대로 정리하지 못한 단점이 있다. 물론 이들 책 가운데 반대인 경우도 있었다. 또 시중의 논술 관련 참고도서들이 너무 짜깁기에만 충실한 것도 많았다. 필자는 이들 틈 사이에서 논술에 관한 내용 이해와 입시 논술을 해결할 수 있는 실마리를 제공한다는 면에 무게를 두었다.

이 책의 체제는 다음과 같다.

<Ⅰ. 논술과 그 주변 개념>에서는 논술이란 무엇인가? 여기서는 논술의 정의, 논술과 논설, 설득, 논증과의 관계 등을 검토하였다. 어떤 논의이든 그 본질적인 이해를 전제하지 않고는 엉뚱한 이야기만 늘어놓게 마련이다. 따라서 논술에 대한 본질적인 검토가 필요한 것이다.

<Ⅱ. 논술의 구성 요건과 글쓰기의 전략>에서는 논술의 패러다임, 여기서는 실제 논술의 모델을 기본으로 논술의 작성 방법을 이끌어 내었다. 또 논술의 유의점, 즉 비판적 사고의 문제, 전략적 사고의 문제, 종합적 사고의 문제, 감정의 문제 등을 검토하였다. 그리고 글 쓰는 전략 몇 가지를 고려해 보았다.

<Ⅲ. 논술의 분석과 답안 쓰기의 방법>에서는 논제 분석의 과제, 지문 분석의 방법, 답안 구성의 실제 등을 다루었다.

그리고 <부록 1>에서는 자기소개서와 추천서 쓰기의 예를 보여 주었다. 자기소개서와 추천서의 고친 예 등도 검토하였다. <부록 2>에서는 수험생들의 수능 관련 학습법을 소개했고, <부록 3>에는 독서, 토론, 논술의 관계를 간략하게 정리했다.

필자는 세상의 이치를 갈파(喝破)한 책이란 없다고 믿고 있다. 다만 세상의 이치를 한 대목 이해할 수 있는 정도의 책은 있다고 생각한다. 이 졸저 역시 말 많은 논술에 대한 한 대목의 이해를 담았으면 하는 바람이다. 그리고 본 졸저의 부족분을 보충한다는 점에서 각종 <참고문헌>을 달았다.

이 졸저가 읽는 이들에게 현실적으로 도움이 되기를 희망한다.

— 2007년, 울산 〈無鄕山房〉에서

차 례

III. 논술의 분석과 답안 쓰기의 방법

부록 ··

고등학생을 위한

정상으로 통하는 논술

I.

논술과
그 주변 개념

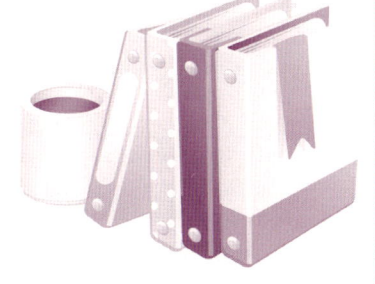

1. 논술의 정의

　논술(論述, argument)이란 일반적 글쓰기인 작문(作文)[1]과 달리 논증(論證)과 서술(敍述)이라는 이중의 함의(含意)를 지닌다.[2] 이중의 함의를 풀어보면 논리적인 증명(證明)과 서술의 풀이를 가진다. 따라서 이러한 두 개의 중요한 개념을 공유한 글로 표현하는 것이 논술문이다. 즉 논리적인 증명으로 서

---

1) 논술은 사고력을 위한 것이고, 작문은 표현력을 위한 것이다. 논술은 표현력을 갖추되 논리적 사고력을 바탕으로 글을 쓴다는 점에서 작문과 확연한 차이가 난다. 이러한 차이를 김혜영(「논술과 작문의 구분」, 『논술지도 방법론』, 경남대출판부, 2006, 23쪽)은 다음과 같이 정리하고 있다.

논술(論述)	① 사고 위주의 영역이며, 논리적 사고력을 중심으로 접근한다. ② 사고력 측정에 적합한 범위까지의 글에 한정되어 있다. ③ 문제에 대한 답변이므로, 논점을 파악하여 논지를 펼친다. ④ 주장을 어떤 논리로 전개해서 결론까지 냈는지 평가한다.
작문(作文)	① 표현 위주 영역이며, 유연한 표현력 중심으로 접근한다. ② 특정의 글에 한정되지 않고 모든 장르의 글을 포함한다. ③ 대상에 대한 자신의 생각이나 느낌을 자연스럽게 펼친다. ④ 창의력, 참신성, 매끄러운 정도 등의 글 솜씨를 평가한다.

2) 1990년대부터 대학들이 논술을 도입하면서 이제는 논술에 대한 관심이 다급하게 나타나기 시작했다. 그러나 예전이나 지금이나 논술에 대한 개념이 명쾌하게 제시되지는 않았다. 안규남은 "사실 시중에 나와 있는 논술 책자 가운데 논술이 무엇인지를 밝히지 않고 있는 책은 한 권도 없습니다. 그런데도 정작 학생들이 써 보낸 글이 논술과는 대체로 거리가 멀다는 것은 논술에 대한 정의가 논술에 대한 여러분의 이해를 보장해 주는 것은 아니라는 것을 말해줍니다."(「논술, 어떻게 쓸 것인가」, 『완벽 논술문, 이렇게 쓰라』, 문학사상사, 1994(개정판 1쇄, 1997), 322쪽)라고 언급했다. 이는 당시로서는 논술에 대한 관심 정도가 지금과 같지 않았기 때문에 논술에 대한 이론과 실제의 문제를 심각하게 생각하지 않았다. 지금은 온통 논술 천국을 방불케 하고 있는 실정이다. 그럼에도 불구하고 논술의 개념과 논술에 대한 이해를 할 수 없는 이유는 논술에 대한 명쾌한 이해와 방법을 제시하지 못하고 있기 때문이다. 그래서 필자는 논술에 대한 개념을 서두에 쓰는 것이다.

술하는 것이다. 여기에서 논리적인 증명은 주장과 근거로 이루어진다. 그래서 논술문의 정의를 "주장과 근거로 이루어진 일련의 진술들의 모임"[3]이라고 할 수 있다. 이에 대한 명쾌한 이해를 위해 용어에 대한 개념을 정리한 사전을 볼 필요가 있다. 사전류에서 말하는 논술의 개념들을 정리해 보면 다음과 같다.

㉮ 국립국어원에서 발행한 ≪국립국어대사전≫을 찾아보면, 논술(論述)에 대해서 다음과 같이 설명하고 있다. 즉 "어떤 것에 관하여 의견을 논리적으로 서술함. 또는 그런 서술."이라고 풀이되어 있다. 그리고 다음과 같은 예시를 들어 놓았다.

예시)
① 그는 그 문제에 관한 자신의 생각을 명쾌하게 **논술하였다**.
② 현대 산업과 환경의 관계에 대하여 **논술하시오**.
③ 그는 국가는 국민 개개인에 대하여 책임을 져야 한다고 **논술했다**.

위와 같은 예시를 통해서 논술을 어떻게 쓰는지를 추론할 수 있다. ① 어떤 문제에 관한 자신의 생각을 명쾌하게 적는데, '그 문제'란 것은 가령 ②와 ③과 같은 내용에서 찾을 수 있다. 즉 '현대 산업과 환경의 관계'이며, '국가는 국민 개개인에 대하여 책임을 져야 한다.'는 것이다. 이 같은 내용에 대해서 필자의 생각을 명쾌하게 드러내어야 한다는 것이다. 명쾌하게 드러내는 방법이 바로 논리적 증명을 통한 서술이라는 것이다.

㉯ (금성판)≪국어대사전≫에서는 논술에 대해서는 다음과 같이 설명하고 있다. 즉 "의견을 논하여 진술하는 것, 또는 그 서술. 예를 들어 논술고사, 논술하다, 논술되다" 등으로 쓰인다.

---

3) 안규남, 「논술, 어떻게 쓸 것인가」, 앞의 책, 352쪽.

그러나 실제 논술의 개념을 이처럼 풀이하는 것으로는 부족한 감이 있다. 그래서 논술의 용어를 좀 더 쉽게 풀이하여 "주어진 문제에 대하여 자신의 견해나 주장을 내세우고 합리적인 근거를 밝혀 읽는 이를 설득하는 글"[4]이라고 할 수 있다. 여기서 주어진 문제란 좁게는 제목부터 제시문의 내용 요약까지를 포함한 것이고, 자신의 견해나 주장은 당연히 글의 독창성을 전제한다는 의미이다. 그러나 독창성이 객관화되는 방법은 당연히 합리적 근거인데 이를 논증이라 할 수 있다. 합리적 근거와 독창성은 읽는 이에게 당연히 설득할 수 있는 핵심 요소가 되는 것이다. 여기서 합리적 근거에 해당하는 논증에 대해서 알아 둘 필요가 있다. 즉 논증이란 "이유가 제시된 주장"[5]을 말한다. 이를 부언하자면, "결론을 뒷받침할 수 있는 전제를 가지고 어떤 주장을 펴는 것"[6]을 말한다. 이를 이해하기 쉽도록 정리해 보면 다음과 같다.

전제premise (1)
전제premise (2) ⇒ 이유 제시 / 뒷받침 문장
전제premise (3)

⋯⋯⋯⋯⋯⋯⋯⋯⋯⋯⋯⋯⋯⋯⋯⋯⋯⋯

결론(conclusion 주장)

위의 도식은 한번쯤 보았을 것이다. 이러한 논증의 방식에는 대개 연역적 방식과 귀납적 방식으로 나눈다. 이러한 형식만 갖추었다고 해서 자신의 주장이 설득력을 갖는 것은 아니다. 자신의 주장이 설득력을 가지려면 전제의 타당성[7]이 있어야 한다. 그래야만 논증이 올바르고 주장이 설득

---

4) 정기철, 「논술과 논술 고사」, 『논술교육과 토론』, 역락, 2003, 15쪽.
5) 최훈, 「논증 이해하고 분석하기」, 『논리는 나의 힘』, 세종서적, 2003, 161쪽.
6) 탁석산, 「논증이란 무엇인가」, 『오류를 알면 논리가 보인다』, 책세상, 2003, 22쪽.
7) 논리학에서는 전제의 참, 거짓을 따지지는 않는다. 참일 수도 있고 거짓일 수도 있으므로, 둘 다 가능하다고 생각한다. 다만 전제가 참일 경우 결론이 거짓이 될 리

력을 가지게 된다. 올바른 논증을 통한 주장은 좋은 논술문의 핵심이라 할 수 있다.

최훈은 논증의 평가 기준을 ① 전제들이 받아들일 만한가? ② 전제들이 결론과 관련성이 있는가? ③ 전제들이 결론의 충분히 강한 증거가 되는가? 등을 제시했다.[8] 그리고 탁석산은 좋은 논증의 조건을 대머(T. Edward Damer의 『잘못된 추론 공격하기』)의 논의를 가지고 ① 관련성－전제와 결론의 관련성 여부, ② 전제의 참, ③ 전제의 충분한 근거 등을 꼽았다. 즉 "전제와 결론이 관련성이 있어야 할 뿐 아니라 전제가 참이어야 하고 또 전제는 결론의 충분한 근거"가 되어야 좋은 논증이 된다는 것이다. 이러한 논증은 논술의 기초라 할 만큼 중요한 것이다.[9] 논증의 타당성(valid argument)과 부당성(invalid argument)은 자신의 주장에 대해 상대방을 설득하는데 중요한 근간(根幹)이 된다. 다음의 예시를 통해 이를 알아보자.

영어공용화론의 망상(1)

가) 한때 수그러들었던 영어공용화론이 최근 다시 머리를 들었다. 내가 보기에는 영어를 국가 차원에서 '제2국어'로 삼자는 말 자체가 논박할 가치도 없는 망상일 뿐이다. 그러나 최근 실시한 여론 조사 결과를 그대로 믿는다면, 대학생 상당수가 이 '영어공용화론'을 지지한다고 한다. 따라서 말할 가치도 없는 문제지만, 몇 가지 원칙론적인 이야기를 해야 할 것 같다.

나) 현대의 자유 민주 사회에서는 언어도 이념, 종교, 대중문화 같은 정신적 사회 현상들과 마찬가지로 일종의 시장성을 가지지 않을 수 없다. 즉 언어는 그 원산지(또는 사용 지역)인 특정 국가가 국제 사회에

없다고만 주장하는 것이다. 여기에 툴민(Toulmin)의 논증법(한상철, 「쟁점과 자료의 결합 방식으로서의 논증의 구조」, 『토론』, 커뮤니케이션북스, 2006, 78쪽)이 설득력을 얻고 있다. 논증의 방법이 달라지면 논술의 개념도 달리 정의할 수도 있을 것이다. 본 장의 <참고>란에 요약 정리했다.

8) 최훈, 「좋은 논증을 가려내는 방법」, 앞의 책, 224-225쪽.

9) 탁석산은 기초논리학→논리 구조의 이해→글쓰기(논술)로 진행되어야 한다고 한다.

서 차지하는 사회·경제적 위치에 따라 상품적 가치가 저절로 매겨진다. 한반도에 대한 영어권의 제반 영향이 많아짐에 따라 국내에서 영어 공부 열풍이 일어난 것과 같이, 앞으로 가령 중국어권의 비중이 부각된다면 어릴 때에 '천자문'부터 글을 배우는, 옛 풍습이 부활하는지도 모른다. 즉, 이런 경향은 순수하게 시장 논리에 속하는 것이므로 국가가 영어나 중국어를 '공용화'할 하등의 필요성도 없다. 국가가 특정 종교에 특혜를 주는 것과 마찬가지로, 특정 외국어를 공식화하는 것은 자유 시장과 민주주의 원칙을 전면 부정하는 행정일 뿐이다.

다) 영어공용화론자들은 영어 구사력이 바로 국력이라고 주장함으로써 국민의 애국심을 이용하려고 한다. 그러나 사실 언어란 영어 구사 수준과 관계없이 오히려 한 나라의 국력 향상과 정비례하여 세계적으로 유포되는 것이 원칙이다. 일본은 영어를 제2국어로 삼지 않았지만, 일본어는 이미 구미인들이 가장 선호하는 외국어 가운데 하나가 되었다.

아직 환상처럼 느껴질 테지만, 멀리 내다본다면 앞으로 한글의 세계화도 비현실적인 것만은 아니다. 그리고 일반인들의 영어 구사력이 나라의 대외 경쟁력에 과연 그만한 영향을 미치는지 의문스럽다. 대외 접촉을 업무로 하는 사람이면 어차피 영어나 다른 필요한 외국어를 잘 배울 것이고, 현장 근로자들까지 높으신 영어권 손님을 자주 대접하지는 않을 것이다. 영어의 공용화는 엄청난 예산 낭비(일체 공문의 영역 등)를 의미하는데 이 자금을 차라리 교육에 투자하여 사립 대학 예산의 학생 등록금 의존율을 낮출 수 있다면 국력 신장과 나라의 미래에 좀더 보탬이 될 것 같다.

라) 영어공용화론자들은 보통 한국의 '선진화'와 '영어화'를 동일시하려고 한다. 서구의 비영어권 국가 주민들이 영어 구사력 분야에서 표준적으로 한국인들을 어느 정도 능가한다는 것은 부정할 수 없는 사실이다. 그러나 이 점에서 영어공용론자들은 원인과 결과를 혼동한다. 유럽인들의 영어 실력은 높은 경제적 수준과 여가 문화의 발전에 따른 심화된 외국어 교육의 산물이지, 경제적 발전의 원인이나 원동력은 전혀 아니었다. 서구의 복지국가에서처럼 여기에서도 교사가 국비로 현지 어학연수를 정기적으로 다녀올 수 있고 한 반의 학생수가 15~20명에 불과하면, 영어의 공용화 없이도 졸업자의 외국어 실력은 당연히 지금보다 나을 것이다.

오히려 서구 국가들은 대부분 영어의 실제적인 확산을 고려하여 프랑스처럼 국가적인 차원에서 자국 언어와 문화를 보호하는 정책을 적극적으로 쓸 뿐이지 '영어공용화'를 꿈꾸지는 않는다. 오히려 내 경험과 유럽을 다녀온 사람들의 말을 들어보면, 그들은 자국어에 대한 자부심이 대단하여 영어를 할 줄 알면서도 대답은 자국어로 하는 경우마저 허다하다.

위 글은 러시아 출신의 귀화인 박노자[10]의 글이다. 외국인의 눈으로 본 한국 사회의 문제점을 지적한 글이다. 한 번 되짚을 문제임은 분명하다.

나) 단락의 경우를 보면 몇 개의 전제로 구성되어 있음을 알 수 있다. 전제와 주장(또는 결론)을 가지고 나) 단락을 분석해 보자.

전제
- ① 현대는 자유 민주 사회이다.
- ② 자유 민주 사회는 시장성이 지배한다.
- ③ 언어도 이념, 종교, 대중 문화와 같은 정신적 사회 현상이다.

결론(주장 + 전제)

전제
- ④ (∴ 따라서) 사회 현상(언어)도 시장성의 지배를 받는다.
- ⑤ 특정 국가의 언어는 그 국가의 사회 경제적 위치에 따라 상품성처럼 가치가 매겨진다.
- ⑥ 현재 한반도에는 영어권의 영향이 커졌다.

결론(주장 + 전제)

- ⑦ (∴ 따라서) 영어공용화는 시장의 논리이다.

결론(주장)

국가가 '제2국어'로 삼자는 논리는 타당성이 없다.

7개의 전제에 따른 하나의 주장으로 볼 수 있다. 전제의 수가 많고 적음보다는 주장과 얼마나 관련성이 있느냐가 중요하다. 물론 ①~③, ④~⑥까지 하나의 전제이고, ④와 ⑦은 결론에 해당한다. 그리고 주장이면서 동시에 전제인 ④, ⑦과 ⑤, ⑥도 각각 하나의 전제로 보고, 결론은 전체

10) 한국인으로 귀화하기 전까지 '블라디미르 티호노프'라는 이름을 갖고 있던 그는 러시아 상트페테르부르크에서 태어났다. 그곳에서 상트페테르부르크 국립대학교 동방학부 한국사학과를 졸업했으며, 이후 모스크바 국립대학교에서 「5세기 말부터 562년까지의 가야의 여러 초기 국가의 역사」라는 논문으로 아시아 및 아프리카 학부 박사 학위를 받았다. 모스크바 국립대학교, 러시아 국립 인문대학교 강사를 거쳤으며 경희대학교 러시아어과 전임 강사를 역임했다. 현재 노르웨이 오슬로 국립대학 한국학 부교수로 재직 중이며 활발한 연구 및 강의 활동과 함께 국내 매체 기고를 통해 한국에 대한 변함없는 애정을 과시하고 있다(박노자, 『당신들의 대한민국』, <저자 소개란>, 한겨레 신문사, 2001).

전제에서 이끌어 낼 수 있다. 관련성이 없는 전제의 문장들은 당연히 글의 일관성 혹은 긴밀성에서 멀기 때문에 좋은 문장으로 볼 수 없다.

전체를 다섯 단락으로 나눌 때, 각 단락의 주제(본론의 3개 단락의 경우 3개의 전제)는 결론으로 모아지는데, 이 때 본론은 세 개의 컨셉을 가지고 구성하고 있음을 알 수 있다.

논술은 주장에 대한 근거를 제시하는 것이 매우 중요하다. 먼저 주장의 타당성 여부를 검증해야 한다. 주장의 경우 그 가치 기준이 있어야 한다. 가령 '자살이 옳다.'거나 '장애인은 부당한 대우를 받아야 한다.' 등과 같은 주장은 타당하다고 볼 수 없다. 마찬가지로 근거도 타당성이 있어야 한다. 가령 '지구 환경을 보존하자.'라고 주장할 때, 그 근거로 ① 벌금형, ② 분리 수거 등의 경우와 ① 검소한 생활, ② 환경 보존 등의 경우를 비교해 보면, 그 주장의 근거의 타당성 여부도 중요하다는 것을 알 수 있다. 주장과 근거도 가치 판단의 문제이니만큼 이를 신중하게 생각해야 한다. 근거를 인터넷에서 찾는 경우가 많은데, 인터넷 상의 오류를 어떻게 검증할 것인가? 따라서 인터넷의 지식 검색은 1단계로 이용하고, 자신의 전문 지식을 배경으로 하는 것이 좋다.

논술에 대한 논자들의 견해를 종합해 보면, 논술이란 어떤 현안 문제에 대하여 자신의 주장을 펼칠 때 논증을 통해 쓰는 글이고, 또 어떤 현안 문제에 대해 자신의 독창적 견해를 논거를 통해 밝히는 글을 말한다.

✔ 논술의 정의　　1. 주어진 문제 해결할 때
　　　　　　　　　2. 자신의 주장을 펼칠 때
　　　　　　　　　3. 논증적인 태도로 쓴 글

* 툴민(Toulmin)의 논증모형 : 자료나 정보로서의 사실을 귀납적으로 수집한 다음, 연역적인 전제에 해당하는 논거를 매개로, 논리적 명제에 해당하는 주장을 제시하는 것이 논증이다.

<툴민(Toulmin)과 삼단논법 비교>

	a. 연역법(삼단논법)		b. 툴민(Toulmin)	
1	대전제	모든 사람은 죽는다.	사실(data)	소크라테스는 사람이다.
2	소전제	소크라테스는 사람이다.	주장(claim)	소크라테스는 죽는다.
3	결 론	소크라테스는 죽는다.	논거(warrant)	모든 사람은 죽는다.
차이	1. 외형상 명칭의 차이 2. 대전제의 지위를(참임을) 의심하고, 사실만(을) 전제로서 인정			

<생활 논증 비교>

	c. 연역법(생략의 삼단논법)		d. 툴민(Toulmin)	
1	사실(data)	내가 교차로에 먼저 진입했다.	사실(data)	저 차량은 교차로에 나중에 진입했다(내 차가 교차로에 먼저 진입했다).
2	주장(claim)	그러므로 저 사람이 과실이다.	주장(claim)	교차로에 나중에 진입하려 한 저 차량은 먼저 진입한 내 차에게 양보하지 않았다(저 차량 운전자 과실이다).
3	*		논거(warrant)	교차로에 나중에 진입하려는 차량은 먼저 진입한 차량에게 통행을 양보해야 한다.
차이	1. 생략된 대전제로서 논거를 100%로 신뢰하지 못한다. 왜냐하면 교차로의 상황에 따라 그 적법성이 달라지기 때문이다.			

보충설명 : 위의 교차로 논증에서는 먼저 진입한 차량이 항상 통행의 우선권을 가지는 것이 아니라, 나중에 진입했다 해도 그 차량이 적법한 교통신호에서 운행했거나, 내 차량은 아파트에서 나오고 그 차량이 넓은 길(차로가 많은 길)을 통행했다면, 위와 같은 논거, **'교차로에 나중에 진입하려는 차량은 먼저 진입한 차량에게 통행을 양보해야 한다.'** 는 규칙은 타당하지 않다. 따라서 참인지 의심스러운 대전제를 논증에서 사용하는 것은 현실적인 논증에서 매우 우려할 만한 사실이다. 그래서 원래의 교차로 논증 c)처럼 대전제는 제거해 버리고 사실만을 가지고 논증하고자 한다. 그런데 사실만으로 결론에 도달할 수 없다. 그래서 필요한 것이 논거이다. 논거는 사실로부터 주장이 적적하게 이끌어져 나오도록 도와주는 역할을 한다. 위의 논증 c)에는 '교차로에 나중에 진입하려는 사람은 먼저 진입한 사람에게 통행을 양보해야 한다'와 같은 논거가 필요하다.…(중략)… 삼단논법에서는 동일한 명제가 전제로서 참이라고 가정되어 있지만, 논거에서는 그것이 참인지가 의심스럽다고 물음표를 달아두고 있기 때문이다. 그래서 동일한 명제를 논증 a)에서와 달리 **전제** 라고 하지 않고 **논거** 라는 이름을 붙인 것이다. 그렇게 하고 보니 전제에는 남는 것이 참이라고 주장되는 사실 뿐이다(같은 책의 78-79쪽). 즉 **'구체적인 사실 → (논거 : 참임을 보장해 주는 논거보강 : backing이 필요) → 주장'** 으로 구성된다. 기존의 삼단논법이 일상생활에서 차이를 보인다는 점에서 툴민(Toulmin)의 논증모형이 가치가 있음을 알 수 있다.

— 한상철, 「쟁점과 자료의 결합 방식으로서의 논증의 구조」, 『토론』, 커뮤니케이션북스, 2006, 76-84쪽.

::::: 생각하기

↖ 개념 정립의 타당성

주요 개념의 정의를 분명히 하지 않고 논쟁에 임하다 보면 비생산적인 건 말할 것도 없고 불필요한 오해와 갈등까지 유발해 논쟁을 엉망으로 만들 수 있다. 그 대표적 사례가 바로 '인터넷 실명제' 논쟁이었다.

인터넷 실명제 논쟁은 '실명제' 개념에 대한 해석이 제각각이어서 극도의 혼란상을 보였다. 실명제는 ① 실명 확인 과정을 거쳐 실명으로만 글을 쓰는 경우, ② 실명 확인 과정을 거치지만 필명으로 글을 쓸 수 있는 경우, ③ 실명으로 회원 가입을 하고 실명으로만 글을 쓰는 경우, ④ 실명으로 회원 가입을 하고 필명 또는 ID로 글을 쓸 수 있는 경우, ⑤ 필명으로 글을 쓸 수 있지만 실명 인증 후 실명을 사용하면 우대하는 경우 등 다섯 가지 수준에서 논의되었는데, 네티즌들은 저마다 각기 다른 '실명제'의 개념을 가지고 찬반 토론에 열중하고 있는 웃지 못할 상황이 연출되고 있다.

안기부 도청 사건도 마찬가지다. 이 사건에 대해 여당과 야4당은 각각 '특별법'과 '특검법'으로 맞섰다. 특별 법안은 민간 인사로 구성된 진실위원회가 공공 이익과 관련한 진실한 사실이라면 불법 도청 테이프의 공개 여부 등을 결정토록 하자는 것이며, 특검 법안은 특검 수사로 확인된 위법 사실은 공소시효가 지난 것도 공개하거나 대한변협이 추천한 변호사가 판단하게 하는 내용이다.

– 강준만, 「주요 개념의 정의를 분명히 하자」, 『대학생 글쓰기 특강』,
인물과 사상사, 2005, 150-151쪽.

📁 실전 문제 : 사실·주장·논거를 찾아보자.

컴퓨터 기술의 사회적 영향에 대해 연구했던 캐나다 엔지니어 캘빈 고트립(Calvin Gottlieb)은 우리가 사는 세상에 프라이버시는 더 이상 존재하지 않는다고 주장한다. 자신의 이해 관계가 걸려 있을 때에는 다른 사람들의 프라이버시를 고려하지 않는 경우가 너무 흔하기 때문이다. 이는 그 사람들만의 문제라고는 할 수 없는데, 많은 경우에 타인의 프라이버시는 내가 알고 싶어 하는 권리나 욕구와 많이 상충된다. 문제는 여기서 그치지 않는다. 사람들은 약간의 편리함을 위해 프라이버시를 너무 쉽게 포기한다. 당첨될 확률이 하늘의 별따기만큼이나 어려운 경품 때문에 성명, 주소는 물론 전화번호까지 쉽게 제공한다. 적립금이나 마일리지 보너스를 위해 멤버십 카드를 만들고, 이를 위해 자세한 신상 정보를 제공한다. 공공의 안전을 보장한다는 이점 때문에 폐쇄회로 텔레비전으로 인한 프라이버시 침해에 무관심하다. 핸드폰 전화번호는 이미 자기 사무실 전화번호만큼이나 공적인 것이 되었다. 실명 등록을 권하는 국내의 어느 포털 사이트는 핸드폰 번호를 입력하지 않으면 아예 회원으로 등록할 수 없는 곳도 있다.

– 2007학년도 서강대 수시 1학기 논술고자 제시문 : 홍성욱, 『파놉티콘—정보사회 정보감옥』.

2. 논설과 논술

논술의 개념을 정의하는데 논설(論述)과 대동소이(大同小異)하다는 점 때문에 혼동할 수 있다. 그래서 이를 명확하게 알아둘 필요가 있다.

❼ 국립국어원에서 발행한 ≪국립국어대사전≫을 찾아보면, 논설은 "어떤 주제에 관하여 자기의 의견이나 주장을 조리 있게 설명함."으로 되어 있다.

   ① 신문을 통한 민중 계발책의 일환으로 그는 신문에다 독립사상을 고취시키는 논설과 확고한 주장을 펼쳐 민족의 길을 밝혔다(유주현, ≪대한 제국≫).
   ② 논설문 = 논설을 싣다 / 그는 옥중에서 민족의 자유와 평등을 주장하는 논설을 썼다.
   ③ 논설-하다 =「동」('…을' 대신에 '…에 대하여'가 쓰이기도 한다) ⇒ 현대 종교를 논설한 사람 / 사회 문제에 대하여 논설하다.
   ④ 신문이나 잡지 따위의 사설 = 동일한 사건에 대하여 각 신문사의 논설은 약간의 관점 차이가 있다.

①의 경우는 민중계발책의 일환으로 '신문에 독립 사상을 고취시키는 논설'이라고 정리한 것을 보면 어떤 목적을 위한 도구로써 논설을 이용한다는 것을 알 수 있다. 그리고 ②, ③의 경우 어떤 목적을 달성하고자 주장하고 있음을 알 수 있다. ④는 동일한 사건에 대한 주장을 담은 시각이 다를 수 있음을 지적하고 있다.

❹ (금성판)≪국어대사전≫을 찾아보면, 논설(論說)은 "① (명)사물의 내용이나 이치를 논하여 서술하는 것, 또는 그 문장, ②신문, 잡지 등에서 사설 또는 그것에 준하는 기사. 논설하다." 등으로 되어 있다. 이렇게 정리하고 나면 이런 개념은 논술과 별반 차이를 발견할 수 없다.

그러나 김혜영은 이 둘의 차이를 다음과 같이 설명하고 있다.[11]

A) 논술과 논설은 자신의 의견이 담긴 결론을 내린다는 점에서 비슷한 스타일이다. 하지만 논술은 논설의 서술 방법을 차용한 것이지 논설처럼 진술한 것은 아니다. 논술은 자신의 주장을 효과적으로 전달하기 위해 논리적 입증 과정을 체계적으로 펼치고, 논설은 설득하기 위한 의도로 현상이나 사물의 이치를 조리 있게 설명한다.

B) 논술과 논설의 결정적 차이는 진술의 독창성에 있다. 논술은 문제를 해결하기 위해 독창적 견해를 내세우는데, 논설은 문제에 대한 자신의 생각을 독자를 이끌 의도대로 풀어내면 된다. 그렇다 보니, 논술은 조리를 세워 의견을 논하여 말하거나 쓰는 것이고, 논설은 시사적 문제 등을 설명하고 그 옳고 그름에 대해 의견을 말하거나 쓰는 것이다.

김혜영은 위와 같이 논술과 논설을 구별하면서도 "논술문이든 논설문이든 간에, 근거를 들어 주장하고 서론−본론−결론의 체계를 갖추어야 한다는 점에서 동일하다."고 전제하면서 엄밀한 의미에서 논술문은 종합적 사고를 요하는 질문 형식의 논제를 받고 답변하는 글이고, 논설문은

---

11) 김혜영, 앞의 책, 26쪽.

논술(論述)	① 주장을 논리적 근거에 입각해서 체계적으로 펼치는 것이다. ② 주장을 효과적인 한 편의 완결된 글로 표현하는 것이다. ③ 일정한 지식을 제재로 하지만, 글재주를 평가하지 않는다. ④ 문제를 해결하는 노력의 하나로 독창적 견해를 내세운다.
논설(論說)	① 주장을 일정한 구성 방식에 의해 강하게 제시하는 것이다. ② 주장을 사물의 이치를 들어 서술하여 동의를 얻는 것이다. ③ 자신의 의견이 타당하다는 것을 근거를 통해 설득한다. ④ 문제에 대한 독자 생각을 자신이 원하는 방향으로 이끈다.

어떤 시사적인 문제에 대해 제목을 달고 주관적인 의견을 밝히는 글이다라고 주장했다.

필자는 이 둘의 개념상 공통 분모가 많기 때문에 정리할 필요가 있다고 생각한다. 그래서 상위와 하위 개념으로 설정하고자 한다. 논술과 논설의 개념을 정리해 보면 논술이 상위 개념으로 볼 수 있고, 논설은 그 종의 개념으로 잡는 것이 타당하다. 왜냐하면 논술은 논설보다 포괄적이고 다양하기 때문이다. 가령 논술은 필자층이 다양하다는 점, 현안 문제뿐만 아니라 제시문에 대한 필자의 견해를 주장한다는 점에 비해 논설은 필자층이 비교적 제한적인 점, 제시문보다는 현안 문제에 대한 필자의 견해를 밝힌다는 점에서 차이를 찾을 수 있다. 따라서 논술 ≧ 논설로 정리할 수 있다. 그리고 논설과 (신문)사설의 관계 또한 논설 ≧ (신문)사설로 볼 수 있다. 이를 정리하면 다음과 같다.

일상 대화 속의 논증

A) 윤경 : 성봉이 그 자식, 아주 나쁜 놈이야.
B) 은진 : 왜?
C) 윤경 : 선생님한테 고자질했잖아.

a) 윤경의 주장 : 성봉이는 나쁜 놈이다.
b)   근거 : 왜냐하면 성봉이는 선생님에게 고자질을 했기 때문이다.

a') 윤경의 전제 : 성봉이는 선생님에게 고자질을 했다.
b')   결론 : 따라서 성봉이는 나쁜 놈이다.

　　　　　　　　　　　　　　　　　　　 - 안규남, 앞의 책, 352-253쪽.

C) 영희 : 영숙이는 많이 예뻐졌다.
D) 영숙 : 왜 그렇게 생각하니?
E) 영희 : 키도 커졌고, 날씬해졌잖아.

c) 영희의 주장 :
d)   근거 :

c') 영희의 전제 :
d')   결론 :

* A), B), C)와 C), D), E)의 차이는 없는가?

* 논술 ≧ 논설 ≧ (신문)사설

3. 논술, 설득과 논증

논술에는 반드시 논증의 형태를 포함하고 있다. 논술의 개념이 함의하는 것 중에 하나는 논증이라고 할 때, 논증과 설득은 분명히 구별이 되는 것이다. 논증이 가진 속성이 설득의 속성과 유사성이 있다는 점에서 이를 알아둘 필요가 있는 것이다. 논증은 앞에서 설명한 것처럼 전제를 통한 주장이 참인 것을 말하는 것이고, 설득은 "필자의 의견에 독자가 공감하고 동의하는 것(Brooks & Warren, 240쪽)"[12]인데, 이를 위해서는 필자의 의견이 맞다고 할 수 있는 이유가 제시되어야 한다. 이를 비교해 보면 다음과 같다.

<설득과 논증의 형태>

설 득	논 증
이유(1)	전제(1)
이유(2)	전제(2)
의 견	결 론

위의 표를 정리하면, "설득에 있어서는 의견이 논리적 결론과 같은 구실을 하고, 이유가 귀납의 증거나 연역의 전제와 같은 구실"[13]을 한다는 점이다. 이를 구체화시킨 한 예를 들면 다음과 같다.

---

12) 이대규, 「논증과 설득」, 『수사학 : 독서와 작문의 이론』, 신구문화사, 2003, 225쪽.
13) 이대규, 앞의 책, 252쪽.

가)

① 봄, 여름, 가을에는 바람이 동쪽이나 남쪽이나 서쪽에서 분다. ② 공업단지가 도시의 동쪽에 있으면, 동풍이 불 때, 공업단지에서 배출되는 유독성 연기가 도시로 들어와, 공기가 심하게 오염된다. ③ 공업단지가 남쪽에 있으면, 남풍이 불 때, 도시의 공기를 심하게 오염시킨다. ④ 공업단지가 도시의 서쪽에 있으면, 서풍이 불 때 도시의 공기가 크게 오염된다. ⑤ 공업단지가 도시의 동쪽이나 남쪽이나 서쪽에 있는 도시는 공업단지가 북쪽에 있는 도시보다 공기가 더 심하게 오염된다. ⑥ 공업단지가 북쪽에 있는 도시는 겨울에 북풍이 불어도 공기가 오염되는 일이 드물다. ⑦ 겨울에는 대기의 상층 온도와 하층 온도에 차이가 커서, 공장에서 내뿜는 유독성 연기가 바로 하늘로 치솟기 때문이다. ⑧ 그러므로 공업단지는 도시의 북쪽에 세우는 것이 좋다.

— 박대홍, 《조선일보》(1993. 5. 2)

나)

이 문단의 주제 문장은 의견을 제시하는 ⑧이다. ⑧의 직접적인 이유는 ⑤~⑥이다. ⑤는 공업 단지를 도시의 동쪽, 남쪽, 서쪽에 세우지 않아야 할 이유이고, ⑥은 공업 단지를 도시의 북쪽에 세워야 할 이유이다. ⑥과 ⑦은 결과—원인 관계를 가진다. 즉 ⑥이 결과이고, ⑦이 원인이고, ①과 ②~④ 사이에도 원인—결과 관계가 성립한다. 즉 ①이 원인이고, ②~④는 각각 ①의 결과이다. ⑤는 ②~④를 일반화한 것이다. 이 문단은 주로 원인 분석으로 전개되었으나, 필자의 중심 의도는 설득이므로, 설득 문단이다. ⑧은 귀납 문단의 논리적 결론과 비슷하고, ⑥~⑦은 귀납 문단의 증거와 비슷하다.

— 이대규, 「설득」, 『수사학 : 독서와 작문의 이론』, 신구문화사, 2003, 252-253쪽.

그렇다면 앞(p.15)에서 인용한 「영어공용화론(1)」은 논증이라기보다는 설득이라 보아야 할 것이다. 왜냐하면 전제에 대한 명제가 참이어야 한다는 논증의 특성을 볼 때, 영어공용화에 대한 찬반의 논의가 있는 설득문일 수 있다는 점에서 다시 한번 생각해 볼 필요가 있다.

논증의 형태를 띤 설득의 성격이 강한 논술이라 할 수 있다. 왜냐하면 영어공용화에 대한 박노자의 의견과 이유 제시로 이루어진 글이기 때문이다. 따라서 의견과 이유 제시가 논리적 결론과 전제(증거)와 비슷한 기능을 하기 때문에 설득의 논술과 같은 범주로 볼 수밖에 없다. 이들의 관계를 제시하면 다음과 같이 가능하다.

* 논술 ≥ 설득 ≥ 논증

    논증에 대한 연구는 논리학에서 주로 다루는 학문이고, 논술은 이의 일부를 진술하여 필자의 주장을 펼치는 것이다. 따라서 논증이 논술일 수 없다는 점이다. 그러나 자신의 주장을 펼치는 데 논증의 형태는 꼭 필요하다. 그러나 논리학이라는 학문에서 말하는 개념과는 차이가 있기 때문에 이를 '논술의 논증'이라 불러야 할 것이다. 이 논증이야말로 바로 "논술의 기초가 되는 것이기에 편의상 논술문의 기술방식"14)이라고 할 수 있다.

    문제는 논술문에는 이러한 논증으로만 표현되어야 하는가이다. 글이 객관적 관점으로 되려면 논증이나 설명(비교, 대조, 정의, 지정, 분류, 구분과 같은)의 방식을 취하게 되는데, 이는 자신의 주장을 뒷받침하는 근거가 된다. 그렇기 때문에 보통 논술문에는 "설명과 논술의 방식이 섞여 있으며 보충문을 적절하게 논리적 순서로 배열"15)하는 것이 중요하다. 예를 들어 설명하면 다음과 같다.

이공계 대학의 학생들이야말로 논술을 필수 과목으로 해야 한다.
왜냐하면 우선, 이공계 학생들은 고등학교 때까지 수학, 과학 공부에 치중하고 글쓰기를 소홀히 했다.

→ 이공계 대학의 학생들이야말로 논술을 필수 과목으로 해야 한다.
왜냐하면 우선, 이공계 학생들은 고등학교 때까지 수학, 과학 공부에 치중하고 글쓰기를 소홀히 했다. 특히 과학고에 진학하려면 수학, 과학 성적이 우수해야 하므로 초등학교, 중학교 때부터 많은 시간을 수학과 과학 공부에 쏟아 붓는다. 과학고에 진학하면 이런 상황은 더 심각해져서 수업 시수, 공부의 양 등에서 일반적인 글을 읽거나 쓰는 것은 절대 시간이 부족하다.

                  — 이상경 외, 「논술문」, 『글쓰기 여행－토막글에서 통글까지』, 역락, 2005, 72쪽.

---

14) 박동규, 「논술문」, 『글쓰기를 두려워 말라』, 문학사상사, 1994, 388쪽.

주관적 관점		객관적 관점	
묘사	서사	설명	논증

15) 이상경 외, 「논술문」, 『글쓰기 여행－토막글에서 통글까지』, 역락, 2005, 73쪽.

⌐ 논설과 논증의 차이점은 무엇인가?

4. 논술과 논리적 사고

　현실 문제에 봉착하게 되면 이성적 판단보다는 감정의 문제에 얽매이게 되어 일을 그르치게 되는 경우를 종종 보게 된다. 결국에는 사건의 순서는 없어지고 과정에서 벌어진 감정의 문제로 비화되어 본질적인 문제는 간과하는 일이 생긴다. 이럴수록 냉정한 이성과 판단이 요구되는 것은 당연하다. 이성과 판단을 전제한 글은 자신의 주장을 펼칠 때 객관적인 설득력이 있다. 그래서 종국에는 자신의 생각이 옳다는 것을 타인으로부터 인정받게 된다.

　어떤 문제에 대해 문제 해결력을 향상시키려면 논술 교육이 필요하다. 문제 해결력에는 당연히 사고력과 판단력, 그리고 분석력이 수반되는 종합적 사고의 전형이 요구된다. 그리고 이러한 사고를 통해 자신의 생각을 분명하게 표현할 수 있는 것이다. 그래서 논술은 필요한 것이다. 대학은 이러한 종합적 사고를 가진 학생들을 선발하기 위해 논술시험을 출제한다. 그래서 논술이 대학 입시생들에게 진학하고자 하는 대학에 합격하기 위한 통과제의(通過祭儀)적 시험이 된 것이다.

　『논리는 나의 힘』의 저자 최훈은 자신의 책을 읽은 독자들에게 "논술을 바로 잘 할 것이라는 기대는 진작에 버리는 게 낫다."[16]고 충고한다. 다만 논술은 논리적 사고력이 바탕이 된다는 것만은 사실이라는 입장이다. 다시 말해서 "논리적인 사고력이 있다고 해서 곧바로 논술을 잘하는

---

16) 최훈, 「논리와 논술은 친구 사이」, 『논리는 나의 힘』, 세종서적, 2003, 80쪽.

것은 아니지만, 좋은 논술을 위해서는 논리적 사고력이 꼭 필요"하다는
것이다. 논리적 사고력만이 논술을 잘할 수 있는 것이 아니라는 의미이다.
따라서 이러한 사고력을 드러낼 수 있는 논증적인 태도의 실제 글쓰기
연습이 필요한 것이다.

✔ 논술의 필요성　　1. 자신의 생각 표현
　　　　　　　　　　2. 문제 해결력

↖ 고령화의 문제점과 대처 방안

Ⅰ. 서론
최근 미디어와 학계에는 우리나라의 고령화 문제가 심각하다고 주장하고 나섰다. 그렇다면 우리나라의 고령화 문제가 얼마나 심각한지 지금의 현실을 짚어보고, 우리나라보다 먼저 고령화를 겪은 여러 나라들의 대처 방안을 알아보자. 이를 바탕으로 고령화 문제의 대처 방안을 모색해 보았다.

Ⅱ. 본론
먼저 고령화 사회의 정의에 대하여 알아보자.

고령화 사회란 한 국가의 전체 인구 중에서 노인 인구가 차지하는 비율이 늘어나는 현상을 말한다. UN 기준에 따르면 65세 이상의 고령인구 비중이 전체 인구의 7% 넘으면 '고령화 사회', 14% 이상이면 '고령 사회', 20% 이상이면 '초고령 사회'라고 한다.

①고령화 사회의 변화
우리나라가 '고령화 사회'에서 '고령 사회'로 이르는 22년, '고령 사회'에서 '초고령 사회'로 이르는 시간은 10년밖에 걸리지 않는다. 일본은 24년과 12년, 프랑스는 115년과 41년, 미국은 71년과 15년이 걸린다고 한다. 이로써 우리나라가 선진국보다 진입속도가 빠를 것으로 예상한다.

②고령화의 주요 요인
평균 수명의 증가와 출산율의 저하 현상을 들 수 있다.

③고령화 사회가 야기하는 문제점
노동 인구의 감소, 비노동 인구의 과도한 부양 책임, 출산 가능 인구의 감소에 따른 급격한 인구 저하, 다음 세대의 부양 능력 가중화, 노인복지시설이나 휴식 공간의 부족과 가정에서 노인의 역할과 위치가 축소, 노인들의 경제적 어려움과 노후 생활, 그리고 핵가족화와 맞벌이 부부의 증가로 인한 노인 부양의 어려움과 점점 빨라지고 있는 정년 퇴직으로 인한 노인 실업 증가 등이 있으며, 현재 우리나라에서는 국민연금제도를 시행하고 있지만 더욱 구체적인 대책이 시급하다.

④ 미국의 고령화 사회 대처 방안

국가의 노인복지대책을 확충하기보다는 오히려 축소시키고, 개인부담을 확대하는 방향으로 전개되고 있다.

연령차별금지법—조기 퇴직시에 연금을 삭감함.

⑤ 일본의 고령화 사회 대처 방안

홈헬퍼(가정봉사원) 서비스, 재가노인 보건의료 서비스 등이 있다.

⑥ 스위스의 고령화 사회 대처 방안

경제적으로 부유한 편으로 평가되는데 노령, 유족연금 및 직업연금 등의 지급과 함께 노후를 위한 개인 저축

노인의 경우, 스위스 정부로부터 보충부조의 혜택을 받을 수 있다.

⑦ 한국의 고령화 사회 대처 방안

첫째, 출산율 저하를 막아야 한다. 둘째, 실버산업이 육성되어야 한다. 셋째, 고령자 고용제도 도입되어야 한다. 넷째, 국민연금을 사회복지정책으로 개편되어야 한다.

Ⅲ. 결론

지금까지 미국, 일본, 스위스 그리고 우리나라의 고령화 대책 현황과 우리나라에 대한 향후정책 과제에 대해서 알아보았다. 사회문제를 사회문제로만 남길 것이 아니라 낙관적이고 합리적인 대책 마련과 그에 따른 문제의 적절한 해결을 통하여 사회의 전반적인 발전을 지속해 나가야 할 것이다.

— 「학생의 발표 자료」 일부 수정

이 글에 대한 필자의 평가는

1) 서론이 너무 복잡하다. 따라서 세 가지 정도로 요약하면 좋다. 가령 첫째, 우리나라의 고령화 문제가 얼마나 심각한지 지금의 현실을 짚어보고, 둘째, 우리나라보다 먼저 고령화를 겪은 여러 나라들의 대처 방안을 알아보고, 셋째는 우리나라가 앞으로 어떻게 고령화 문제에 대처할 것인가에 대하여 모색해 보았다.

2) 문구가 정확해야 한다. 가령 고령인구 비중이 전체 인구의 7% 넘으면 '고령화 사회', 14% 이상이면 '고령 사회', 20% 이상이면 '초고령 사회'라고 했는데, 구별이 안 된다. 물론 사소한 문제지만 술어의 범위는 중요한 부분이다.

3) 근거가 미약하다. 가령 "우리나라가 '고령화 사회'에서 '고령 사회'로 이르는 22년, '고령 사회'에서 '초고령 사회'로 이르는 시간은 10년밖에 걸리지 않는다."라고 했는데, 고령화의 근거 제시가 부족하다는 점이다.

4) 결론 부분에서도 두루뭉실하게 맺고 있다. 사회 과학은 명확한 대책이 없으면 그 논의는 의미가 없다.

⌐ 소리없는 살인 <낙태>

오늘도 어김없이 약 20초에 한 명씩 소중한 생명이 보이지 않는 가운데 사라져 가고 있다. "한인 여성 낙태율 아시아 중 최고"라는 기사는 절대 과장이 아니다. 낙태라고 부르는 인공임신중절은 잉태된 태아를 자연분만시기에 앞서서 모체로부터 인위적으로 분리하는 것을 뜻한다.

1. 낙태의 원인

첫째, 무지함-실제 낙태라는 행위가 어떤 성격의 행위인지를 정확히 알지 못하고 있기 때문이다.

둘째, 세속적 인본주의의 경향과 생명경시 풍조-개인적 사유가 있다면 정당한 행위라고 생각하기 때문이다.

셋째, 죄의식의 감퇴-주변에서 낙태를 경험한 사람을 만날 수 있기에 도덕적으로 무감해지고 있는 것이다.

넷째, 남아선호사상-불법으로 되어 있지만 성별을 알려주기에 남성이 아닌 여성일 경우 낙태를 많이 한다.

다섯째, 산부인과의 낮은 의료수-낙태시술을 하지 않고는 병원운영을 할 수 없기 때문이다.

여섯째, 모자보건법-법 해석에 따라서는 얼마든지 낙태를 전면적으로 방임할 수 있기 때문이다.

2. 낙태의 위험성 & 사회적 문제

① 정신적 부작용

일종의 상실감, 마비, 공허감, 가장된 행복감, 원인 모를 정신적 우울증, 성적 혹은 관계 장애, 분노감, 거듭되는 회상, 무관심, 불쾌감, 적의감, 감성둔화등 표출.

② 육체적 부작용

- Prostaglandin : 정맥염, 설사, 구토, 호흡 곤란, 요통, 월경 불순, 자궁제거.
- 진공 흡출 : 자궁에 세균 감염에 의한 부패로 부작용 유발.
- 경관 대개 및 소파술 : 경관 손상의 위험.

③ 사회적 문제

남아선호사상 : 성비의 불균형은 성폭행, 동성연애, AIDS 등 수많은 문제 야기.

3. 낙태 찬반론

① 낙태 찬성론
첫째, 원치 않는 임신. 둘째, 경제사정의 이유. 셋째, 여성의 사회적 진출.
넷째, 기형아가 예상되는 경우. 다섯째, 산모가 위급한 경우.

② 낙태 반대론
첫째, 소중한 생명이기에 낙태는 살인. 둘째, 남아선호사상. 셋째, 여성의 불임초래.
넷째, 건강상의 해로움.

4. 낙태 예방법
첫째, 올바른 피임사용─피임의 실천율 상승 및 올바른 피임사용법의 보급.
둘째, 올바른 성교육 실시─낙태의 심각성과 잔인성 및 학생들의 인성교육.
셋째, 모자보건법의 법 개정.
넷째, 대한가족협회의 역할 정립.
다섯째, TV의 활약.

5. 결론
실제 낙태를 고려해야 하는 절박한 상황에서 무조건 낙태 반대를 주장하는 것은 무의
미하다. 궁극적으로는 개인이 인간생명을 고귀하게 여겨 낙태를 하지 않으며, 낙태를 반
대하는 사회 분위기 형성을 위해 노력보다 실질적인 대안들이 있어야 한다고 생각한다.
예방적인 차원에서 성에 대한 바른 실제적인 교육이 우선되어야 한다. 그러나 우리나라
성교육은 현실적이지 못하다. 시대에 뒤떨어진 비디오 상영의 교육은 의미가 없다. 이제
순결만 강조하는 게 아니라 피임이나 또 미혼모가 됐을 경우를 대비해야 한다. 또 대부
분의 낙태의 원인인 남아선호사상의 사고를 바꿔 가는 의식의 변화가 중요하다. 정부도
피임 서비스의 질적 개선, 자율피임실천을 위한 홍보, 교육 강화 등의 변화를 시도하여
야 한다. 또한, 정부의 적극적인 활동과 함께 국민들의 관심이 필요하다. 낙태 예방은
어느 특정 단체나 계층만의 문제가 아니라 국민 모두의 노력이다. 낙태는 여성만의 문
제라고 생각한다. 그러나 낙태는 우리 모두의 문제이다. 낙태법 개정, 미혼모 보호, 입
양, 바른 성교육 등에 모든 사람들이 참여해야 한다.

─「학생의 발표 자료」일부 수정

1. 낙태의 찬성 이유

_____
_____
_____
_____
_____
_____
_____
_____
_____
_____
_____

2. 낙태의 반대 이유

_____
_____
_____
_____
_____
_____
_____
_____
_____
_____

⌐ 가), 나)의 글을 통해 논술의 특징을 파악해 보자.

가) 한국 여성들의 출산율이 세계 최저 수준이다. 구체적으로 말하면 선진국에서는 100년 걸쳐 초래된 저출산율이 우리나라는 불과 30년이란 짧은 기간에 급속하게 이뤄져 새로운 사회 문제로 떠오르고 있다. 지난해 우리나라의 출산율은 1.17명으로 미국(2.13명), 프랑스(1.89명), 영국(1.64명), 일본(1.33명)보다 더 낮은 최저 수준이었다. 지난 1960년 가임 여성 1인당 출산 인구가 6명까지 달했던 합계 출산율 저하의 속도가 매우 급격히 떨어지고 있음을 알 수 있다. 이런 추세가 계속된다면 2, 30년 후, 주변 사람들 5명 중 1명은 65세 이상 노인이 차지할 것이라는 전망이다. 이런 저출산율은 노동력의 부재, 고령자 급증 등의 한층 심각한 문제로 이어지고 있다.

나) 한국 여성들의 출산율이 세계 최저 수준으로 된 것을 걱정할 필요는 없다. 왜냐하면 고도의 기술 사회인 21세기에는 양적인 노동력이 아닌 기술력의 질이 중요할 뿐이다. 또 기술의 고도화에 따른 실업 문제가 심각한 사회 문제로 대두된 상황에서 이것은 오히려 반길 만한 일이 아닌가. 게다가 어떤 여성은 직장을 다니면서 계속 경력을 쌓고 싶어 하고 어떤 여성은 가정을 꾸리기 전까지 경제적 기반을 잡고 싶어 하지 않는다. 또 어떤 여성은 좀더 나이가 들 때까지는 어머니가 되는 책임을 지고 싶어 하지 않는다. 아기를 낳으면 아직도 양육의 일차적 책임을 어머니에게 지우는 것이 한국 사회이니 여성들은 아기 낳기를 회피하거나 아기 낳을 시기를 놓치는 것이다. 이런 상황에서 노동력 부족 현상을 막기 위해서 출산장려정책을 펼쳐야 한다는 것은 이치에 맞지 않으며, 출산장려정책의 실효성 또한 크지 않다.

— 이상경·시정곤·전봉관 공저,

「설명/논술」, 『글쓰기 여행』, 역락, 2005, 61-62쪽.

니가 있어 세상은 아름다워...

고등학생을 위한

정상으로 통하는 논술

Ⅱ.

논술의
구성 요건과
글쓰기의 전략

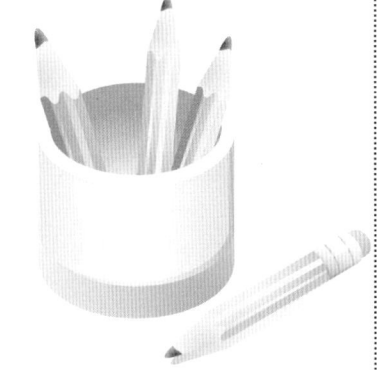

1. 논술의 패러다임

1) 논술의 구성 요건

논술에 대한 패러다임을 이해한다면 누구나 필요에 따라 혹은 주어진 논제에 대해 자신의 생각을 피력할 수 있다. 논술은 일반인이나 취업 준비생보다 대학 입시 수험생들에게 당장 필요하다. 그래서 고교 교과서의 이해를 가진 이들에게 논술의 기본적 요건을 설명하고자 한다. 이를 이해한 대학 입시 수험생들은 논술 문제를 해결하는 데 직접적인 도움을 얻을 수 있을 것이다.

국어 교과서에 수록된 이기백(李基白)의 「민족 문화의 전통과 계승」을 예로 들어 설명하겠다. 민족 문화의 전통과 의의라는 주제의 글이다. 이 글을 통해서 필자는 다음과 같은 것을 설명하고자 한다.

첫째, 논술의 한 전형을 확인할 수 있다.

둘째, 논술의 구성 요건을 알아본다.

셋째, 단원에서 배운 논술을 실전 문제까지 접근해 본다.

서 론

① 문제 제기 ▶ 상위 개념으로 글의 서두를 이끌고 있다.

　우리는 대체로 머리끝에서 발끝까지를 서양식(西洋式)으로 꾸미고 있다. "목은 잘라도 머리털은 못 자른다."[1]고 하던 구한말(舊韓末)의 비분 강개(悲憤慷慨)를 잊은 지 오래다. 외양(外樣)뿐 아니라, 우리가 신봉(信奉)하는 종교(宗敎), 우리가 따르는 사상(思想), 우리가 즐기는 예술(藝術), 이 모든 것이 대체로 서양적(西洋的)인 것이다.

② 문제 제기 ▶ 하위 개념으로 글을 구체화시키고 있다.

　우리가 연구하는 학문(學問) 또한 예외가 아니다. 피와 뼈와 살을 조상(祖上)에게서 물려받았을 뿐, 문화(文化)라고 일컬을 수 있는 거의 모든 것이 서양(西洋)에서 받아들인 것들인 듯싶다. 이러한 현실(現實)을 앞에 놓고서 민족 문화(民族文化)의 전통(傳統)을 찾고 이를 계승(繼承)하고자 한다면, 이것은 편협(偏狹)한 배타주의(排他主義)나 국수주의(國粹主義)로 오인(誤認)되기에 알맞은 이야기가 될 것 같다.

③ 문제 제기에 따른 글쓰기의 방향을 제시하고 있다.

　그러면 민족 문화의 전통을 말하는 것은 반드시 보수적(保守的)이라는 멍에를 메어야만 하는 것일까? 이 문제(問題)에 대한 올바른 해답(解答)을 얻기 위해서는, 전통이란 어떤 것이며, 또 그것은 어떻게 계승되어 왔는가를 살펴보아야 할 것이다.

　평가 ▶ 서양 문화화된 현실의 비판을 통해 우리 전통의 올바른 개념, 계승의 문제를 검토하겠다는 서론이다. 실제로 대학 입시에서는 이러한 문제 제기를 주고 수험생들의 생각을 묻는다. 따라서 보편화된 문화에 대한 사고를 익혀 둘 필요가 있다. 주장은 반드시 반론이 제기되기 마련이다.

---

1) 고종 32년(1895) 단발령이 내려졌을 때, 면암 최익현의 상소문 중 오두가단 차발불가단(吾頭可斷 此髮不可斷)을 번역한 구절.

따라서 반론에 대한 대안 제시, 즉 반박 잠재우기가 필요하다. '민족 문화의 전통을 말하는 것은 반드시 보수적(保守的)이라는 멍에를 메어야만 하는 것이까?'라는 표현을 통해 반박을 잠재우는 것도 한 방법이다.

본 론

① 글쓰기의 방향에 따른 배경 지식(1)

연암(燕巖) 박지원(朴趾源)은 너무도 유명한 영·정조 시대(英正祖時代) 북학파(北學派)의 대표적 인물 중의 한 사람이다. 그가 지은 '열하일기(熱河日記)'나 '방경각외전(放璚閣外傳)'에 실려 있는 소설이, 몰락하는 양반 사회(兩班社會)에 대한 신랄(辛辣)한 풍자(諷刺)를 가지고 있을 뿐 아니라, 문장(文章)이 또한 기발(奇拔)하여, 그는 당대(當代)의 허다한 문사(文士)들 중에서도 최고봉(最高峰)을 이루고 있는 것으로 추앙(推仰)되고 있다. 그러나 그의 문학(文學)은 패관 기서(稗官 奇書)를 따르고 고문(古文)을 본받지 않았다 하여, 하마터면 '열하일기'가 촛불의 재로 화할 뻔한 아슬아슬한 장면이 있었다. 말하자면, 연암은 고문파(古文派)에 대한 반항(反抗)을 통하여 그의 문학을 건설(建設)한 것이다. 그러나 오늘날, 우리는 민족 문화의 전통을 연암에게서 찾으려고는 할지언정, 고문파에서 찾으려고 하지는 않는다. 이 사실은, 우리에게 민족문화의 전통에 관한 해명(解明)의 열쇠를 제시(提示)하여 주는 것은 아닐까?(연암의 문학－예증 1)

전통은 물론 과거로부터 이어 온 것을 말한다. 이 전통은 대체로 그 사회 및 그 사회의 구성원(構成員)인 개인(個人)의 몸에 배어 있는 것이다. 그러므로 스스로 깨닫지 못하는 사이에 전통은 우리의 현실에 작용(作用)하는 경우(境遇)가 있다. 그러나 과거에서 이어 온 것을 무턱대고 모두 전통이라고 한다면, 인습(因襲)이라는 것과의 구별(區別)이 서지 않을 것이다. 우리는 인습을 버려야 할 것이라고는 생각하지만, 계승(繼承)해야 할 것이라고는 생각하지 않는다. 여기서 우리는, 과거에서 이어 온 것을 객관화(客觀化)하고, 이를 비판(批判)하는 입장에 서야 할 필요를 느끼게 된다.

그 비판을 통해서 현재(現在)의 문화 창조(文化創造)에 이바지할 수 있다고 생각되는 것만을 우리의 전통이라고 불러야 할 것이다. 이같이, 전통은 인습과 구별될 뿐더러, 또 단순한 유물(遺物)과도 구별되어야 한다. 현재에 있어서의 문화 창조와 관계가 없는 것을 우리는 문화적 전통이라고 부를 수가 없기 때문이다(전통의 본질—주지).

그러므로 어느 의미에서는 고정 불변(固定不變)의 신비(神秘)로운 전통이라는 것이 존재(存在)한다기보다 오히려 우리 자신이 전통을 찾아 내고 창조(創造)한다고도 할 수가 있다. 따라서, 과거에는 훌륭한 문화적 전통의 소산(所産)으로 생각되던 것이, 후대(後代)에는 버림을 받게 되는 예도 허다하다. 한편, 과거에는 돌보아지지 않던 것이 후대에 높이 평가(評價)되는 일도 한두 가지가 아니다. 연암의 문학은 바로 그러한 예인 것이다. 비단, 연암의 문학만이 아니다. 우리가 현재 민족 문화의 전통과 명맥(命脈)을 이어 준 것이라고 생각하는 거의 모두가 그러한 것이다. 신라(新羅)의 향가(鄕歌), 고려(高麗)의 가요(歌謠), 조선시대(朝鮮時代)의 사설시조(辭說時調), 백자(白磁), 풍속화(風俗畵) 같은 것이 다 그러한 것이다.(전통의 발굴과 창조—부연)

한편, 우리가 계승(繼承)해야 할 민족 문화의 전통으로 여겨지는 것들이, 연암의 예에서 알 수 있는 바와 같이, 과거의 인습을 타파(打破)하고 새로운 것을 창조하려는 노력(努力)의 결정(結晶)이었다는 것은 지극히 중대한 사실이다. 세종 대왕(世宗大王)의 훈민정음(訓民正音) 창제 과정(創製過程)에서 이 점은 뚜렷이 나타나고 있다. 만일, 뜻을 굽혔던들, 우리 민족 문화의 최대 걸작품(最大傑作品)이 햇빛을 못 보고 말았을 것이 아니겠는가?(전통의 성격 : 새로운 것을 창조하려는 노력의 결정—주지 혹은 전제)

② 글쓰기의 방향에 따른 배경 지식(2)

원효(元曉)의 불교 신앙(佛敎信仰)이 또한 그러하다. 원효는 당시의 유행(流行)인 서학(西學, 당나라 유학)을 하지 않았다. 그의 '화엄경소(華嚴經疏)'가 중국(中國) 화엄종(華嚴宗)의 제3조(第三祖) 현수(賢首)가 지은 '화엄경탐현기(華嚴經探玄記)'의 본이 되었다. 원효는 여러 종파(宗派)의 분립(分立)이라는 불교계(佛敎界)의 인습에 항거(抗拒)하고, 여러 종파의 교리(敎理)를 통일(統一)하여 해동종(海東宗)을 열었다. 그뿐만 아니라, 모든 승려(僧侶)들이

귀족(貴族) 중심의 불교(佛敎)로 만족할 때에, 스스로 마을과 마을을 돌아다니며 배움 없는 사람들에게 전도(傳道)하기를 꺼리지 않은, 민중 불교(民衆佛敎)의 창시자(創始者)였다. 이러한 원효의 정신은 우리가 이어받아야 할 귀중한 재산(財産)이 아닐까?(원효 이야기─예증 2)

③ 글쓰기의 방향에 따른 배경 지식(3)

겸재(謙齋) 정선(鄭敾)이나 단원(檀園) 김홍도(金弘道), 혹은 혜원(惠園) 신윤복(申潤福)의 그림에서도 이런 정신을 찾을 수 있다. 이들은 화보 모방주의(畵報模倣主意)의 인습에 반기(反旗)를 들고, 우리 나라의 정취(情趣)가 넘치는 자연(自然)을 묘사(描寫)하였다. 더욱이 그들은 산수화(山水畵)나 인물화(人物畵)에 말라붙은 조선 시대의 화풍(和風)에 항거(抗拒)하여, '밭 가는 농부(農夫)', '대장간 풍경(風景)', '서당(書堂)의 모습', '씨름하는 광경(光景)', '그네 뛰는 아낙네' 등 현실 생활(現實生活)에서 제재(題材)를 취한 풍속화(風俗畵)를 대담(大膽)하게 그렸다. 이것은 당시에 있어서는 혁명(革命)과도 같은 사실이었다. 그러나 오늘날에는 이들의 그림이 민족 문화의 훌륭한 유산(遺産)으로 생각되고 있는 것이다.(겸재 이야기─예증 3)

요컨대, 우리 민족 문화의 전통은 부단(不斷)한 창조 활동(創造活動) 속에서 이어 온 것이다. 따라서, 우리가 계승(繼承)해야 할 민족 문화의 전통은 형상화(形象化)된 물건(物件)에서 받은 것도 있지만, 한편 창조적(創造的) 정신 그 자체(自體)에도 있는 것이다.(계승해야 할 문화의 전통─창조적 정신[주지])

평가▶ 문화에 대한 예증을 들어 민족 문화의 전통과 그 계승의 당위성을 서론에서 제기한 글의 방향에 따라 글을 구성하려면 다양한 시각과 제재가 필요하다는 것을 알 수 있다.

결 론

① 주어진 논제의 요약

이러한 의미에서, 민족 문화의 전통을 무시(無視)한다는 것은 지나친 자기 학대(自己虐待)에서 나오는 편견(偏見)에 자니지 않을 것이다. 따라서, 첫머리에서 제기(提起)한 것과 같이, 민족 문화의 전통을 계승하자는 것이 국수주의(國粹主義)나 배타주의(排他主義)가 될 수는 없다. 오히려, 왕성(旺盛)한 창조적 정신은 선진 문화(先進文化) 섭취(攝取)에 인색하지 않을 것이다. (민족문화의 전통 계승[결론])

평가▶ 글 전체의 내용을 간략히 제시함으로써 필자의 주장을 다시 한 번 강조하는 효과를 지닌다. 그러나 글의 흐름과 달리 필자의 새로운 주장이 나올 경우 글의 일관성에 혼란을 줄 수도 있다는 점을 주의해야 한다.

② 비전을 제시

다만, 새로운 민족 문화의 창조(創造)가 단순한 과거의 묵수(墨守)가 아닌 것과 마찬가지로, 또 단순한 외래 문화(外來文化)의 모방(模倣)도 아닐 것임은 스스로 명백한 일이다, 외래 문화도 새로운 문화의 창조에 이바지함으로써 뜻이 있는 것이고, 그리함으로써 비로소 민족 문화의 전통을 더욱 빛낼 수가 있는 것이다.(외래 문화의 수용 태도[부연])

평가▶ 현대 사회의 문화 지체 현상을 반박함으로써 문화 창조의 가치를 추구하고자 한다. 그러나 전반적으로 현대의 직접적인 가치 창조의 예를 보여주지 못함으로써 정확하게 현대 문화 창조의 이바지를 파악하기 어렵다.

위 글에서 보듯이 서론은 문제를 인식하는 단계이고, 본론은 상당한 배경 지식을 갖추어야 한다는 사실을 알 수 있다. 결론은 당연히 서론에서 제기한 문제를 본론에서 펼친 것을 정리하면서 예상되는 반박 논리를 수용하는 태도를 취하는 것이 좋다.

<제재의 내용 구성>

단락의 주제	단락의 내용 구성
전통의 본질과 계승에 대한 고찰	– 우리 문화의 현실 – 전통의 본질과 계승의 고찰 필요성
전통의 본질	– 연암의 문학 – 전통과 인습의 차이 – 전통의 본질
우리가 계승해야 할 민족 문화의 전통	– 전통의 창조성과 훈민정음의 창제 – 원효의 불교 신앙 – 겸재, 단원, 혜원의 풍속화 – 계승해야 할 창조적 정신
민족 문화 전통의 계승과 외래 문화의 수용	– 민족 문화 전통 계승 주장의 정당성 – 외래 문화의 수용 태도

<지문 분석과 논술 관련성>

글의 구성	구성 요소	단락의 구체적 표현 방법	논술 관련성
서론	문제제기	상위 개념	실제 논술 문제인 경우에는 <제시문>에 해당한다.
	글의 방향 제시	하위 개념 (구체성)	논술에서 문항에 해당한다.
본론	글의 방향 제시에 따른 글쓰기	하위 개념 (구체성-1) (구체성-2) (구체성-3)	* 구성적 아이디어 혹은 세 개의 키 컨셉으로 구성한다.
결론	요약 및 제언		글쓴이의 주장

글의 분량으로 보아 "무엇보다 '6대(사실 기술) 3대(인용) 1(주장)'이라는 황금 비율"(김광일, ≪조선일보≫ 문화부장)을 주장하는가 하면, 자기 주장을 '20%'로 할애(강준만, 전북대 신방과 교수)할 것을 권하기도 한다.[2] 물론 정해진 규칙은 없다. 다만 대학 당국에서 요구하는 분량을 조정할 필요성이 있다는 점에서 이들의 원고 비율 이야기를 들을 가치가 있는 것이다.

위 글은 다음과 같이 설명할 수 있다.

---

2) 강준만, 「창의력 훈련이 필요하다」, 『대학생 글쓰기 특강』, 인물과 사상사, 2006, 20쪽.

Ⅰ. **서론**(전체 원고의 1/5 정도)		
Ⅱ. **본론**(전체 원고의 3/5 정도)	첫째 단락	주장 문장(1) – 추상적 표현
		뒷받침 문장(1)
		뒷받침 문장(2)
		뒷받침 문장(3)
	둘째 단락	주장 문장(1) – 추상적 표현
		뒷받침 문장(1)
		뒷받침 문장(2)
		뒷받침 문장(3)
	셋째 단락	주장 문장(1) – 추상적 표현
		뒷받침 문장(1)
		뒷받침 문장(2)
		뒷받침 문장(3)
Ⅲ. **결론**(전체 원고의 1/5 정도)		

　사이토 다카시는 세 개의 키 프레이즈(key-phrase)로 글을 완성하는 것을 주문하고 있다. 글을 완성할 때, "서로 비슷하지 않는 세 개의 키 컨셉을 얼마나 잘 연결시키느냐는 전적으로 글쓴이의 능력과 재능에 달려 있다."[3]고 말한다. 「민족 문화의 전통과 계승」의 본론은 세 개의 키 프레이즈로 되어 있다.

　위의 글을 분석해 보면, 첫 번째 키 컨셉(Key Concept)은 '연암 문학', 두 번째 키 컨셉은 '원효 이야기', 세 번째 키 컨셉은 '정선 이야기'이다. 각기 보면 서로 다른 키 컨셉으로 되어 있음을 알 수 있다. 즉 문학, 종교, 고미술로 장르가 다르다. 이러한 세 개의 키 컨셉을 구성한 기준은 바로 '현재 문화 창조의 이바지 여부'이다. 이처럼 본론의 내용을 구성할 때 공통되는 기준을 찾아야 한다. 이를 쉽게 보면 다음과 같다.

---

3) 사이토 다카시/황혜숙 옮김, 「'3의 법칙'으로 글을 구성한다」, 『원고지 10장을 쓰는 힘』, 루비 박스, 2005, 96쪽.

연암 문학

전통의 본질

원효 이야기   겸재 이야기

    세 개의 키 컨셉은 독창성이 별로 없는 세 개의 이야기를 연결하여 내용을 구성하였다. 즉 "주요 요점을 설정하고 그것을 논리적으로 연결해야 하는 과정"[4]을 보여 준 논술의 한 전형이라 할 수 있다.

    또 다른 글을 인용해 보자. 이 글 또한 사이토 다카시가 말하는 세 개의 키 프레이즈(key-phrase)를 확인할 수 있다(앞의 글에서 이어진 글이지만 여기서는 하나의 예를 제시하기 위해 독립적인 글 「영어공용화론의 망상(2)」로 인용하겠다).

---

4) 앞의 책, 97쪽.

참고

글쓰기의 한 방법-임재춘(『한국의 직장인은 글쓰기가 두렵다(북코리아, 2005)』의 서문에서 발췌)

미국에서 선풍적인 인기를 얻고 있는 The Power Writing(1982년 미국 J. E. Sparks가 제창, 『Writie for Power』에 소개)이다.

The Power Writing은 간단하다. 글의 구조를 '주제나 주장-근거(설명/이유)-증명(자료/의견/사실/사례)-주장'으로 배열하는 것이다. 먼저 주제나 주장을 제시하고, 다음은 이를 뒷받침하는 근거로 설명을 하거나 이유를 댄다. 그 다음은 이를 더욱 구체화하여 증명을 하는데 연구 자료나 전문가 의견을 제시하기도 하고, 물적 증거(사실)를 대거나 예를 든다. 마지막에 다시 주제나 주장을 강조하는 것이다. 이에 1-2-3-4의 숫자를 부여한다. 여기에 숫자 0을 보탠다. 0은 글에서는 나타나지 않지만 글을 읽는 사람이 누군지, 이 글을 어떤 논리로 전개할 것인지를 결정하는 준비과정이다. 그리고는 숫자 0을 엄지손가락에 붙이고 숫자 1-2-3-4를 나머지 손가락에 붙인다. 그리고는 어떤 글을 쓰더라도 그저 손가락 다섯을 펴서 Hi, Five!를 외치고는 손가락 하나하나에 대응하는 준비(0)-주제나 주장(1)-근거(2)-증명(3)-주제나 주장 강조(4)를 순서대로 담는다.

예

0	준비(목적, 대상 등)	예시		
1	주제나 주장 (Power-1 : main idea)	(사실명제)	독도는 우리 땅이다.	
2	근거(어떻게/왜) (Power-2 : major detail)	실효적 지배	법률적 무효	역사적 사실
3	증명(자료, 의견, 사실, 예시) (Power-3 : minor detail)	① 주민 살고 ② 경찰 ③ 진돗개	① 국제적 판례 ② 전문가 의견	① 세종실록지리지 ② 일본행정문서
4	주제나 주장 강조 (Power-4 : main idea)			

- 2007. 1. 29. <서울특별시 교육연수원 강의 중>,
저자의 홈페이지 _ http://www.tec-writing.com/

영어공용화론의 망상(2)

이 '영어공화국'의 망상은 실천에 옮겨질 것 같지 않지만, 일단 옮겨진다면 몇 가지 심각한 결과를 낳을 게 뻔하다.

첫째, 통일을 앞두고 있는 시점에서 영어를 배울 형편이 안 되는 대다수 북한 주민들과 '국제화한' 남한인들 사이의 이질성이 더 심화될 것이다. 실제적인 남북한의 소외도 그렇지만, 사회심리상으로도 북한 주민에게 '미제 식민지 남한론'이라는 주체사상의 주장이 사실임을 증명하는 꼴이 될 것이다. 결국, 역설적으로 영어공용화를 주장하는 남한의 친미파가 주체사상의 들러리 역할을 하게 되는 셈이다.

둘째, 국내인들마저 한글을 등지면 해외 한인들의 현지 동화 과정이 더 촉진될 것이고, 세계 한인 공동체의 이상은 완전히 파괴될 것이다. 그러나 세계 한인들의 연대야말로 한반도의 상대적인 고립을 극복할 수 있는 힘이 아니겠는가. 해외 한인의 동질성 유지는 한글 교육 장려를 통해서만 가능한데, 영어공용화론자들은 이를 무시한다.

셋째, 한국 공교육의 현주소를 고려하면, 영어의 '국어화'로 고비용의 영어 학원 사교육과 현지 영어 연수가 젊은층에게 사실상 의무화될 것이다. 한국 학원가와 미국 대학가는 호황을 구가하겠지만, 고비용을 부담하지 못할 빈곤층은 삼류시민으로 전락하고 말 것이다. 그렇지 않아도 외환위기 이후 한국 사회가 빠른 속도로 양분화되어 가는데, 나라의 미래를 위협하는 이 과정이 촉진될 것이다.

북한 주민과 빈민을 소외시키고, 모국과 해외 동포 사이를 멀어지게 하는 이 '영어공용화'는 도대체 누구를 위한 것인가? 한국 사회를 주름 잡고 있는 영어권 유학파가 이러한 방법으로 자신의 특권적 지위를 영구화하려는 것인가? 단기적인 이득에 눈이 먼 재벌들이 중세적 사고 방식을 버리지 못하여 사원의 영어 교육에 국가 권력까지 동원하려는 것인가? 어쨌든 이 '영어공용화' 논쟁은 한국 지배층의 의식 상태를 매우 잘 보여준다고 하겠다.

비유를 하나 더 붙인다면, 사람은 누구나 어른이 되면 부모의 슬하를 떠나 사회 생활을 하게 된다. 그러나 부모를 버리고 멸시하는 자보다 부모 봉양을 게을리 하지 않는 자가 사회에서 더 나은 대접을 받게 되어 있다. 우리 모두의 부모인, 선조인 언어도 마찬가지이다. 물론 민족의 한계를 뛰어넘어 세계인으로서 생활해야 하지만, 우리 뿌리를 스스로 존중해야 남들도 우리를 존중할 것이다.

— 박노자, 「영어공용화론의 망상」, 『당신들의 대한민국』, 64-66쪽.

1. 위 글을 세 개의 키 프레이즈로 작성하시오.

_____
_____
_____
_____
_____
_____
_____
_____
_____
_____

2. 「민족 문화의 전통과 계승」과 「영어공용화론의 망상」의 공통점을 찾아 요약(300자)하고, 「민족 문화의 전통과 계승」의 제시문과 관련하여 현대의 소비 문화를 개선할 수 있는 방안(500자)을 논술하시오.

_____
_____
_____
_____
_____
_____
_____
_____
_____
_____

3. 다음 <보기>의 제시문은 「민족 문화의 전통과 계승」의 주장을 반박하는
   내용이다. <보기>의 제시문과 같은 예를 두 가지 정도 들어서 설명하시오.

<보기>

비서구인들이 맥버거에 환장했다고 해서 그들이 서구의 기준을 받아들인다고 호언장
담할 근거는 어디에도 없다. 맥버거를 먹는다고 해서 서구에 대한 태도가 달라지는 것
은 아니다. 중동에서도 젊은이들이 청바지를 입고 코카콜라를 마시면서 랩 음악을 듣는
모습은 드물지 않게 볼 수 있지만 바로 그들이 메카를 향해 기도를 하고 의기 투합하여
미국 항공기를 폭파시키고 있는 것이 오늘날의 현실이다. 1970년대와 1980년대에 미국
인은 일제 자동차, TV, 카메라, 가전제품을 무더기로 사들였지만 그렇다고 해서 일본화
하지는 않았으며 사실은 일본에 대한 적대감만 커졌다. 서구의 상품을 구입하는 비서구
인이 서구화되리라는 가정은 오만하고 안이하게 사고하는 서구인 특유의 생각이다. 서구
인이 자신의 문명을 거품 나는 음료수, 빛 바랜 바지, 지방이 많은 음식으로 이해할 때
서구가 도대체 타문명에 대해 무슨 발언을 할 수 있겠는가?

– 새뮤얼 P. 헌팅턴/이희재 옮김,
「보편 문명? 근대화와 서구화」, 『문명의 충돌』, 김영사, 2002, 72쪽.

🗁 실전 문제 : 다음의 빈 칸을 채우시오.

0	준비(목적, 대상 등)	예시		
1	주제나 주장 (Power-1 : main idea)	낙태를 반대한다.		
2	근거(어떻게/왜) (Power-2 : major detail)	정신적 부작용	육체적 부작용	사회적 부작용
3	증명(자료, 의견, 사실, 예시) (Power-3 : minor detail)			
4	주제나 주장 강조 (Power-4 : main idea)			

* 주장의 경우 사실, 가치, 정책 논제를 분명하게 표현해야 한다. 한상철은 「논제분석의 요소들」(『토론』, 2006, 38-52쪽)에서 사실논제—실재성·개념정의·책임성을, 가치논제—개념정의·가치 사이의 충돌·가치 판단의 기준을, 정책논제—개념정의·논제 관련성·내재성·문제해결 가능성·실천 가능성·결과 예측·대안가능성 등을 고려해야 한다고 했다.

2) 키 프레이즈(key-phrase)의 파악과 적용

실제 논술 시험 출제의 예시(이 글은 필자가 발표할 당시의 글을 약간 변형시켜서 설명하고자 한다)를 더 들어 설명해 보겠다. 논제는 '「뉴 미디어 시대와 문학의 관계」를 논술하시오.'이다.

논술과 관련하여 실제 출제는 상당히 어려운 부분이 있다. 우선 제시문의 선정과 이를 바탕으로 한 문항 만들기가 쉽지 않기 때문이다. 필자는 실제 문항을 작성하여 보고, 이에 대한 나름대로의 답안을 제시해 보았다. 제시문의 선정 이유는 뉴 미디어 시대와 글쓰기의 인쇄 매체에 대한 특성을 고려해 볼 시대이기 때문이다. 그리고 문항의 작성은 실제 쓰기에서 여러 가지 시각을 표현하는 데 있어 세 가지 정도로 하는 것이 좋다는 생각 때문에 '세 개의 키 컨셉의 구성' 문항을 만들었다. 그리고 제시문 분석이 논술에서 중요하지만 이를 비판적으로 보는 시각이 또한 중요하다는 점에서 문항을 만들었다. 끝으로 비판적 사고와 함께 대안을 제시하는 사고도 중요하다는 점에서 문항을 작성하였다.[5]

제시문 ―

오늘날을 뉴 미디어 시대라고 한다.

뉴 미디어 시대가 도래하면서 과연 문자 매체 시대 혹은 인쇄 매체의 시대는 갔는가? 좀 더 구체적으로 이야기하자면 소설의 시대는 갔는가? 이 문제는 문학의 위기와 깊은 연관성이 있는 것이다. 더구나 문학을 창작하거나 문학을 연구하는 이들에게는 한 번쯤 심각하게 고민해 보지 않을 수 없는 문제다. 더불어 문학 애호가들이나 독자층의 변화도 함께 동행한다는 점을 생각해야 한다.

---

5) 「理·知논술」(《동아일보사》)에서는 '유형별 논술 접근법'을 소개하고 있다.
   ① 요약형 논술 : ㉠논리 전개 유지형, ㉡대상, 주장, 근거형, ㉢논지, 논거형
   ② 설명형 논술 : ㉠어휘 및 문장 설명형 문장, ㉡개념 및 상황 설명형 문제
   ③ 비판형 논술 : 논리적 사고력의 측정
   ④ 문제 해결형 논술 : 창의적 사고력 측정
   ⑤ 종합형 논술 : 지문들의 논리적 연관성을 활용하는 능력 측정

문학사를 들추어보면 향가(鄕歌)가 소멸되면서 속요(俗謠)의 등장이 있었듯이, 물론 그 속요도 이제는 완전히 소멸한 상태이다. 마찬가지로 한문소설이 소멸되면서 한글소설이 등장했다. 그렇다면 현대 문학의 생성과 소멸이라는 문학사의 변화에 소설이라고 하여 예외라고 할 수 없지 않겠느냐는 생각까지 들게 된다. 그러나 아직 소설의 장르는 큰 변화를 보이지 않고 있다. 고소설, 근대소설, 현대소설로 발전해 왔지만 소멸된 상태는 아니다. 장르 변화가 시대 상황과 대중들 사이의 욕구에 의해 소멸된다고 볼 때, 소설도 시대 상황과 대중화라는 다리를 지나치지 않으면 안 될 것이다. 이와 같은 이유로 문학의 소멸과 변화가 일어나면 현대에 와서는 뉴 미디어의 발달로 인해 소설의 변화가 왔음을 생각하지 않을 수 없다.

현대 문학이 변화하기 시작한 것은 텔레비전, 영화, 비디오 등과 같은 뉴 미디어의 발달과 깊은 관련이 있다고 할 수 있을 것이다. 이는 과학 기술의 발달이 전제된 상황에서, 특히 1980년 컬러 방송 시대에 더욱 가속화되었다고 볼 수 있다. 뉴 미디어의 발달로 인해 영상 매체가 발달하면서 문자 매체가 위축되고 이로 인해 새로운 영역인 통신 문학(cyber-literature)이라는 새로운 영역이 태동한 것도 주목할 일이다.

뉴 미디어 시대가 발달하기 전에는 문학이 정보와 오락의 기능을 상당 부분 담당했지만, 뉴 미디어 시대에는 문학의 이런 기능이 다소 축소되었다. 적어도 한 편의 소설을 읽으려면 많은 시간과 공간적 제약이 따른다. 그러나 뉴 미디어는 동시에 대량 방영되기 때문에 시공의 제약을 벗어날 수 있다는 장점 때문에 시간과 공간의 제약이 뒤따르는 문학이 위축된다는 것이다.[6]

또 작품을 읽는 향유층은 어느 정도 교육 정도가 있어야 했지만 뉴 미디

---

6) 시간과 공간의 제약 때문에 문학이 위축된다는 것은 사실이지만 이도 독자들의 독서 욕구가 얼마나 큰가에 따라 달라질 수 있을 것이다. 가령 뉴 미디어에 여가 시간을 할애할 것이 아니라 독서에 할애한다면 문학은 나름대로 생명력을 가질 수 있을 것이다. 한국 사람들의 여가 활용 시간을 조사한 것을 참고하면 다음과 같다. "우리나라 사람들의 여가 시간은 평일 4시간 6분, 토요일 5시간 28분, 일요일 6시간 36분으로 나타났다. 이 여가 시간 중 텔레비전을 시청하는 데 사용된 시간은 평일 3시간 22분, 토요일 4시간 20분, 일요일은 5시간이나 되는 것으로 드러났다. 우리나라 사람들은 여가 시간의 평균 78% 정도를 텔레비전을 시청하며 소비하는 것이다."(장소원 외, 「제1장 TV, 라디오 속의 언어」, 『말의 세상, 세상의 말』, 월인, 2002, 17쪽).

어 시대는 향유층이 교육 정도가 낮은 이에게도 정보, 오락 기능이 강화되었기 때문에 문학의 역할은 점점 멀어질 수밖에 없다. 이제 작가들도 원고지 대신에 수정과 편집이 수월한 컴퓨터 앞에 앉아 있는 실정이다. 한국의 대표 작가라 할 수 있는 이문열도 컴퓨터에 소설을 연재한다고 한다. 이처럼 작가들 스스로 변화하려는 모습을 보이고 있다. 따라서 뉴 미디어 시대에 문학의 변화를 생각하지 않을 수 없다.

문항1 뉴 미디어 시대와 문학의 변화를 세 가지 측면에서 논술하시오.

답안 예시

뉴 미디어 시대에 먼저 변화를 일으킨 것은 아무래도 소설가와 출판사들이다. 이들의 변화 양상을 몇 가지로 나누어 살펴보자.

첫째 소설 장르의 변화를 들 수 있다. 뉴 미디어 시대가 도래하면서 문학이 담당했던 정보와 오락 기능이 약화되는 것을 보완하기 위해서 소설 장르가 변화하게 되었다. 그래서 신속한 정보와 오락을 줄 수 있는 소설이 등장했는데, 이것이 엽편 소설(葉片小說)이다.[7] 이 엽편 소설에 최성각의 『택시 드라이버』와 전은강의 『섹스박물관』을 들 수 있다. 이는 콩트 혹은 장편소설(掌篇小說)로 원고지 3~5장 정도로 쓰거나 30장 이내의 분량으로 씌어진 소설이다. 이처럼 짧은 형식의 서사 구조를 가진 소설을 중견 작가들이 대거 창작하게 되었다. 이러한 변화의 양상이 문학 잡지에서 민감한 반응을 보였는데, 가령 ≪문예중앙≫(1997) 가을호에 <특집1>에는 박완서, 박범신, 김성동, 복거일, 현길언 등 중견 작가들의 가벼운 소품들이 실려 있다. 그리고 <특집 2>라고 하여 <우화의 참모습>을 소개하고 있다. 이뿐 아니라 ≪문학사상≫(1997, 8호)에는 <한 여름 밤을 식혀 줄 엽편소설 7편>을 편성하여 박완서, 이승우, 김지원, 원재길, 하재봉, 송경아, 이상희 등과 같은 중견, 신진 작가들의 작품을 소개하고 있다. 이 외에도 장르의 혼합 양상으로 시와 소설의 결합 형태의 작품집도 나왔다. 이외수와 하창

---

7) 김경수, 「엽편 소설의 새로운 가능성」, 『현대소설의 유형』, 솔, 1997.

수가 공저한 『껄껄』(가서원, 1997)을 발표했다. 줄곧 인생에 대해 철학적 문제를 다룬 이외수까지도 가벼운 장르 변화를 수용하는 창작 태도를 보여 주고 있다.

소설 장르 변화 가운데 주목할 만한 것은 소설 장르의 확산이 이루어졌다는 점이다. 이는 문학 장르의 절대적 개념이 와해되었다는 의미이기도 하다. 이러한 예견은 이미 1960년대 비평가 테리 이글턴과 로브 그리예가 예고한 바 있다. 김수경의 『즈유종』은 신문기사, 일기, 편지, 시, 희곡 등의 장르를 뒤섞어 창작한 작품으로 장르의 혼합이냐 새로운 장르냐라는 문제를 안고 있는 작품이다. 가령 이해조의 『즈유종』은 여권신장, 미신타파, 우연성, 여주인공만 등장하는 토론체 소설이다.8) 이는 1910년 이해조의 『즈유종』을 패러디했기 때문에 고소설의 장르인 신소설을 신신소설이라는 새로운 장르로 볼 수 있다. 또 이 소설은 1970년대의 배경으로 1980년대 한국의 억압 사회 구조를 형식의 자유화를 통해 실현하고자 했다는 평가를 하기도 한다.

둘째, 작가 의식에도 변화를 보여 주고 있다. 1980년대 조정래의 『태백산맥』과 같은 이데올로기 문제를 다룬 무거운 주제를 다루지 않는 점도 눈에 띈다. 대신에 여성 작가들의 1인칭 신변 소설이 대거 등장하게 되었다. 본격적인 여성 운동 및 여성 문학론이 논의된 80년대 이전까지는 여성 작가(시인)에 대한 관심이 저조했다. 그래서 여성 문제의 인식이나 여성 작가 및 시인의 작품에 대한 작품 분석이 계속해서 남성 중심적 편견 아래 이루어지고 있는 실정이다. 그러나 1990년대 이후에는 신경숙, 박완서, 은희경, 공지영, 김이소와 같은 신진 여성 작가들이 대거 등장한다. 이는 이데올로기 문제가 상실하면서 여성 문학의 특수성이 두드러지게 되었다. 남성 작가들이 외발적인 주제로서 사상성 및 사회성을 중시하는 데 비하여 여성 작가들은 내적 주제라고 할 수 있는 여성 리얼리즘(female realism)이나 개인 사생활을 강조한다든가 남성원리를 비판하는 경우가 많다는 주장이다.9)

1980년대 군사 독재 정권이 붕괴되면서 사회역사적 변혁기를 다룬 이데올로기 주제가 소멸되면서 각자 개인의 삶을 되돌아보게 되었다. 이에 작

---

8) 전광용, 「이해조 연구」, 『신소설 연구』, 새문사, 1986.
　　최원식, 『자유종』, 창작과 비평사, 1996.
9) 이재선, 「여성 문학의 특수성」, 『한국 현대소설사』, 홍성사, 1980, 430쪽.

가들도 자신의 모습을 돌아보면서 소설을 쓰게 되는데, 이때 내적 성찰의 소설 형식을 띠게 되는 것이다. 그래서 개인주의 팽배와 내면 성찰의 문학이 성행하게 되었다.

셋째, 작가 의식과 작가의 창작 태도의 변화 못지 않게 출판사의 상업적 전략도 바뀌었다.

앞에서도 언급했듯이 1990년대의 여성 작가들이 대거 주목을 받았다. 이들의 소설은 성장 소설로 주로 1인칭 시점의 소설들이 대거 등장하게 되었다.[10] 그 대표 작가 가운데 박완서를 필두로 하여 신경숙 등을 들 수 있다. 그런데 이들의 책자들을 한결 같이 두껍게 호화 장정본의 낱권으로 잘 포장된 책자들이다. 가령 신경숙의 『외딴방 1』, 『외딴방 2』와 박완서의 『엄마의 말뚝 1』, 『엄마의 말뚝 2』 등이다. 이는 상업 출판을 목적으로 하여 출판사의 정신의 전도사라는 본래의 목적이 상실하면서 현실과 가까워졌다는 의미이다. 그리하여 인기 작가들의 작품이 팔릴 것이라는 상업주의 전략으로 판매하여 수익성에 깊은 관심을 보여 주고 있다. 그래서 주목받은 작가들의 작품만이 낱권으로 출판되는 현상을 낳게 되었다. 이러한 예는 박상륭의 『죽음에 관한 한 연구』(문학과 지성사, 1986)를 통해서도 볼 수 있다. 처음 출판될 때에는 작은 글씨체에 행간이 좁아 읽기에 불편했지만 소비자들이 자주 찾게 됨으로써 출판사의 판매 전략이 깔려 낱권으로 출판한 것이다.

문항 2 문학의 독자성을 지킬 수 있는 방안을 쓰시오.

답안 예시

뉴 미디어 시대에 부정적 영향을 고려하지 않을 수 없다. 가령 스피디(SPEED)한 인간의 욕망 때문에 인간이 갖추어야 할 인내심이 부족하게 된

---

10) 1990년대 성장 소설이라는 관점에서 신경숙의 『외딴 방』과 은희경의 『새의 선물』을 검토한 류보선의 「두 개의 성장과 그 의미─신경숙의 『외딴 방』과 은희경의 『새의 선물』에 대한 단상」를 참고(『경이로운 차이들』, 문학동네, 2002, 17-37쪽).

다. 또 출판사의 상품화 전략으로 휴머니즘이 소멸하게 된다. 뿐만 아니라 생활고 때문에 작가 정신의 소멸을 가져올 수도 있다. 또 문화를 사치하는 작가들이 많이(?) 등장하게 될 것이다. 이렇게 된다면 유모서사 문학이 양산되지만 순수문학의 독자층들이 점점 줄어들 것이다. 그리고 수필 문학이 팽창하면서 전문적이 아니라 누구나 작가의 욕망을 실현시켜 주는 현실이 도래한다. 문학의 확산이라는 긍정적인 면도 있지만 문학이 갖는 본래의 순수성이 다소 소멸되지 않는가라는 의구심이 들 수밖에 없다. 문학의 순수성이라는 것은 결국 치열한 작가 정신이 투영된 작품의 수준으로 가늠하는 것이다.

1997년도 <오늘의 작가상> 수상작인 김호경의 『낯선천국』은 현대 소설의 장르 변화라는 긍정적 측면이 있지만, 새로운 기법을 보여 주지 못했다는 점에서 문제거리가 아닐 수 없다. 뿐만 아니라 기법면에서 과연 수상작의 가치가 있는가라는 설전(舌戰)이 오고 갈 정도의 작품이다. 콩트의 연작이라 이 소설의 첫 부분을 보면, 우선 콩트의 연작으로 가벼운 주제와 가벼운 주변의 이야기를 다루고 있다. 가령 <1. 김, 택시를 타다>의 경우는 신문의 삽입을 구성하고 있고, <2. 이, 아르바이트를 시작하다>는 자료를 정리 형태로 구성하고 있다. 이런 점 때문에 과연 훌륭한 작품인가라고 하여 ≪현대문학≫과 ≪세계의 문학≫ 사이에 시비가 붙었다. 앞에서 언급한 이해조의 『자유종』, 김수경의 『ᄌ유종』과 김호경의 『낯선천국』의 형식적 구성에 대해 문제를 검토해 본다면 이를 알 수 있을 것이다.

또 소설가의 등단 장치에도 변화가 있었다. 그래서 요즘 작가의 정체성에 대한 논란이 제기되고 있는 것이다. 예를 들면 통신문학(cyber-literature)의 대표적 작가인 김도현의 『로그인』을 들 수 있다. 이러한 문학 장르의 변화는 뉴 미디어 시대와 상관관계를 맺고 있다. 물론 전통적인 방법으로 작가가 등단하는 것이 좋은가에 대해 특별한 준거는 없다. 다만 작가 정신이 문제라는 것을 염두에 둘 필요는 있는 것이다. 이는 세계 문학 속의 한국 문학의 위상을 어떻게 자리매김할 것인가를 염두에 둘 때, 심각하게 고려해 볼 문제이다.

필자는 뉴 미디어 시대에 문학의 독자성을 지키는 방법을 생각해 보았다. 문학은 당연히 작가, 독자와 밀접한 관련이 있다. 그래서 문학과 관련한 작가 정신, 독자의 올바른 태도, 문학과 관련한 제반 상황의 문제를 짚어 볼 필요가 있다: 서둘러 결론을 말하자면, 작가 정신이 살아 있는 작가가 필요한 시대이면서 독자 의식이 살아 있는 시대가 되어야만 문학의 시대는 지속될 수 있다는 주장이다. 문학 정신과 독자 의식이 살아 있는 문학 시대는 사라진 것일까? 여기에 하나의 텍스트는 문제의 실마리를 제공해 준다. 이런 문제의 한 해답을 찾는 데 필자는 조성기의 「우리 시대의 소설가」(『우리 시대의 소설가』, 문학사상사, 1991)에서 찾을 수 있다고 판단한다. 조성기는 『우리 시대의 무당』, 『우리 시대의 법정』, 『우리 시대의 사랑』 등 일련의 작품을 통해서 우리 시대의 문제를 1인칭 시점으로 하는 반성 문학을 발표하고 있다.

소설의 주인공 강만우는 소위 말해서 인기 있는 중견 작가이다. 그래서 각종 문학 교실에 나가 지도하기도 하고, 일간지에 소설을 연재하는 지명도가 있는 작가이다. 어느 날 민준규라는 독자로부터 전화를 받게 되는데, 내용인즉 주인공 강만우가 쓴 소설이 독자 자신의 정신을 오염시켰다고 혹평하면서 소설 책값을 물려 달라는 것이다. 여기에 강만우는 어이없어 한다. 왜냐하면 물건을 구입하고 난 뒤에 잘못된 것은 교환이 가능하지만 책 내용이 독자 마음에 들지 않는다고 해서 책값을 물려 달라는 것은 한국 출판 시장에서는 매우 드문 경우이기 때문이다. 이 소설에서 주목할 대목의 첫머리는 바로 여기에 있다. 즉 독자 의식의 문제를 제기한 것이다. 필자를 비롯해 독자들은 작품의 수준과 관계없이 그냥 구입하는 동시에 교환은 불가능하다고 생각하고 있다. 그러나 민준규의 전화 한 통은 곧 주인공 강만우로 하여금 여러 가지 작가로서 지녀야 할 자세, 즉 작가 정신과 관련한 내적 갈등을 겪도록 한다는 데 의미가 있는 것이다.

강만우는 단순히 3,500원의 문제가 아니라 작가 의식, 작가 정신이라는 본질적 문제를 고민하게 된 것이다. 독자를 만나 작가 정신을 보여 주고, 독자의 수준을 가늠하기 위해 만나러 가지만 정작 주인공과 독자가 만났을 때, 작가 자신은 자신의 작품 내용뿐 아니라 작품 제목이 『염소의 배꼽』인지 『염소의 노래』인지조차도 잃어버린다. 그래서 진정한 작가 정신, 좋은 작품(교훈적 기능만 중시하는 것이 아니라), 좋은 독자의 자세를 생각하게 하는 소설이다. 작가 자신을 한 번 되돌아보면서 작가 정신이 어떠해야 하는가를 고민하게 한 것이다.

이 소설의 마지막에는 독자 민준규가 주인공 강만우의 집 앞에서 계속해서 초인종을 누르는 장면이 나온다. 초인종 앞에서 서로 맞대고 있는 작가, 독자를 통해 한국 문학의 갈 길이 보이는 것이다. 그래서 주인공은 "청동의 문체를 구사하려면(열하일기, 한문) 청동의 눈, 청동의 심장을 가져야 한다. 환불을 요구하는 독자 하나쯤 한방에 때려눕히는 청동의 팔을 지녀야 한다."는 반성문을 쓰게 된 것이다. 여기에 아마도 이 시대에 진정한 작가 정신을 되돌아보게 하는 반성이 들어 있고, 올바른 독자 정신을 요구하는 메시지가 담겨 있는 것이다.

필자는 위와 같은 졸고를 완성할 즈음, 다음과 같은 도서들을 읽었다. 이는 배경 지식을 의미하는 것으로 이해하면 된다.

권택영, 『영화와 소설 속의 욕망이론』, 민음사, 1990.

김성곤, 『뉴 미디어 시대의 문학』, 민음사, 1996.

김욱동, 『문학의 위기』, 민음사, 1995.

김준오, 『현대시의 환유성과 메타성』, 살림, 1997.

류현주, 『하이퍼텍스트문학』, 김영사, 2003.

배식한, 『인터넷, 하이퍼텍스트 그리고 책의 종말』, 책세상, 2000.

이용욱, 『사이버문학의 도전』, 토마토, 1996.

임헌영, 『문학의 시대는 갔는가』, 평민서당, 1988.

정과리, 「컴퓨터와 문학」, 『문학의 새로운 이해』, 문학과 지성사, 1998.

홍성태 엮음, 『사이버 공간 사이버 문화』, 문화과학사, 1996.

≪문학사상≫, 「특집－사이버문학의 현주소와 미래를 전망한다」, 1997. 6.

롤랑 바르트, 『문학은 어디로 가고 있는가?』, 강, 1998.

세리 터클, 최유식 옮김, 『스크린 위의 삶－인터넷과 컴퓨터 시대의 인간』, 민음사, 2003.

책에 대한 나의 메모

나는 책 읽기를 통해 문학과 영화, 나아가 세상에 대한 삶의 이치를 들여다 볼 수 있기를 기대한다. 그래서 고전적이지만, 아니 상투적이지만 책읽기는 삶의 무기를 갖추는 것과 동격이라고 생각한다. 사실 책과 관련해서 주의해야 할 일이 없는 것도 아니다. 단적으로 말해서 식자우환(識字憂患)이 문제이지만, 이보다 더 큰 문제는 곡학아세(曲學阿世)이다. 이 곡학아세의 길목에서 나 자신이 서성거리는 것은 아닌지. 그러나 지나치게 책벌레가 되기를 희망하지만 오히려 얼간이가 될 수 있다는 생각이 들기도 한다.

여기서 책과 관련한 얼간이 같은 책벌레 유형을 소개하고자 한다. 이는 『독서의 역사』(알베르트 망구엘, 정명진 옮김, 세종서적, 2000, 430~432쪽)을 참고하였다.

첫째, 책이 마치 값비싼 가구나 되는 것처럼 장식을 위해 책을 수집하는 얼간이-흔히 우리 주변에서 볼 수 있을 것이다. 이런 사람들은 <책을 서재에 보관할 것이 아니라 머리 속에 보관해야 한다>는 사실을 망각한 얼간이들이다.

둘째, 현명해지려는 욕심에서 지나치게 많은 책을 읽는 부류의 얼간이-비유하자면 <음식을 너무 많이 먹어 일으키는 위통이나, 포위된 상태에서 지나치게 많은 부하들을 거느리고 있어 오히려 방해받는 장군>에 비유된다. 그래서 유익한 것만 골라서 필요할 때 그것을 이용할 수 있어야 한다.

셋째, 책을 모으기는 하되 진정으로 읽지는 않고 자신의 값싼 호기심을 만족시키기 위해 건성으로 들춰보기만 하는 얼간이.

넷째, 호화로운 그림책을 좋아하는 얼간이-이는 그림으로 그려진 상(像)에 애착을 갖는 것은 <지식에 대한 모독(冒瀆)>이라 할 수 있다. 천상에 있는 아름다운 자연들만 가지고도 충분하다고 할 때 흔히 책에서까지 그림을 보아야 하는가라고 반문한다.

다섯째, 책을 값비싼 표지로 장정하는 얼간이-<서재도 욕실처럼 부유한 가정의 필수적 장식>처럼 생각하는 얼간이이기 때문에 책의 장정이나 상표에서 쾌락을 얻는 수집가이다.

여섯째, 고전은 한 번도 읽지 않았을 뿐 아니라 철자나 문법, 수사학에 대한 지식은 쥐뿔도 없으면서 엉성한 책을 써서 출판하는 얼간이- <자신의 알맹이 없는 낙서를 위대한 저작 옆에 세워두고 싶은 유혹을 뿌리치지 못하는> 이들이다.

일곱째, 책은 철저히 무시하고 책에서 얻는 지혜를 멸시하는 얼간이- 책에서 얻은 지혜를 무시한다는 것은 더 이상 해석할 필요가 없을 것이다.

— 박종석, 「문학·영화·책」, 『비평과 삶의 감각』, 역락, 2004, 233-235쪽.

가) 디지털 도서관은 정보라는 재료로 요리를 만드는 곳이며, 시기 적절성과 장소, 정보의 지식 환원성, 개인적 취향 존중과 같은 요소가 고려되어야 한다. 따라서 디지털 도서관은 시공성(時空性), 정보의 지식 환원성, 개인화와 같은 3요소를 기본으로 하는데 이 각각의 요소에 대하여, 디지털 도서관과 미디어간의 관계를 생각해보자.

첫째, 정보 산업의 시공성은 원하는 시간에 원하는 장소에서 필요한 정보를 갖고자 하는 것으로 정보의 유통 과정에 대한 해답을 준다. 유통은 정보의 그릇인 미디어(신문, 통신 등)를 통하여 이루어진다.

둘째, 정보 지식이 환원성으로 정보는 사람이 받아들여, 사람이 필요한 지식으로 만드는 과정이 요구된다. 이러한 과정을 미리 도와주는 공정, 즉 정보 가공으로서 정보 색인, 요약과 같은 수동적 방법과 아울러 학습과 같은 능동적 방법이 또한 필요하다.

정보의 상품화로서 가치는 개인이 필요한 정보를 쉽게 얻는 데 있다. 여기서 정보는 공유된 곳인 정보 베이스에서 개인화라는 과정을 거쳐 개인이 필요한 만큼만을 가공하여 선택할 수 있다. 개인이 필요한 정보를 미리 디지털 도서관의 공정에 등록함으로써, 필요한 정보만을 얻을 수 있도록 한다는 것이다. 예를 들어 신문이나 잡지, 책과 같은 전통적 미디어는 생산해낸 정보를 미리 개인의 취향을 분석하거나 정보의 장르에 따라 생산하여, 각 개인이 필요한 것을 구입하는 방식이다. 정보의 개인화에 의한 판매는 한걸음 더 나아가 생산 단계에 개인적 정보를 입력해서 개인적 취향 정보를 생산하는 것이다.

> — 최기선, 「디지털 도서관에서 지식에 이르는 길」, 『디지털 시대의 문화 예술』,
> 문학과 지성사, 1999, 99-100쪽.

나) 그러면 새로운 책은 과연 어떤 모습일까? 책의 과거를 실마리로 책의 미래를 그려보기로 하자. 책의 첫 형태라 할 수 있는 것은 앞에서 말했듯이 6~8미터 정도의 길이를 가진 파피루스 두루마리다. 지금의 책에 비하면 두루마리에 실리는 글의 분량은 아주 적다. 그렇지만 고대인들은 분량에 대해서는 별 불만이 없었을 것이다. 왜냐하면 그들은 주로 사람들을 앞에 두고 큰 소리로 읽기 위해 두루마리를 썼기 때문이다. 읽을 분량으로는 두루마리로도 충분했을 것이다. 그에 반해 지금의 책은 조용히 읽고 연구하기에 적당한 분량이라 할 수 있다.

다음으로 등장한 필사본은 두루마리보다 서너 배의 분량을 실을 수 있다. 기독교인들은 한 권에 신약을 다 실을 수 있기 때문에 필사본을 좋아했다. 필사본의 등장과 함께 개인적 연구의 도구가 되기 시작했고 이때부터 조용히 읽는 것이 일상화되었다. 책이 하나의 완결된 내용을 지닌 것으로 간주되기 시작한 것도 이때부터이다.

인쇄술이 발명되면서 글쓰기는 책을 만드는 것과 동일한 의미를 지니게 된다. 학자의 목적은 자기의 책이 도서관에 꽂는 것이 되었다. 책이 하나의 완결된 체계를 갖춘 것이라는 것을 보여주는 예가 바로 표지이다. 책의 안팎을 단절시키려는 듯 두꺼운 표지가 덮히고 표지에는 마치 사람처럼 이름(제목)이 적힌다. 인쇄 초기에만 해도 책은 팔리고 난 다음에 묶여 제본되는 경우가 자주 있었다. 하지만 인쇄술의 발전과 함께 출판되는 책의 양이 많아졌고 그리하여 책은 도서관에서 자신의 자리를 확보하기 위해서는 다른 책들과 차별화 전략을 구사하지 않으면 안 되게 된 것도 책의 완결성을 부채질했다.

전자기술의 발전은 필사본, 인쇄본에서 생각되던 책의 개념에 근본적인 질문을 던지기 시작한다. 같은 크기의 종이 조각 묶음인 책을 손으로 넘기는 대신 우리는 모니터를 바라보면서 마우스를 클릭한다. 컴퓨터에 저장된 글은 우리에게 그 전체를 한꺼번에 보여주지 않는다. 따라서 앞으로 얼마나 더 읽어야 할지 독자는 알지 못한다. 전자적인 텍스트에는 끝이라는 것이 아예 없다. 읽기를 그만두면 그곳이 바로 끝이 된다. 또한 전자책은 표지가 없다. 전자책은 수천 개의 접촉점에서 더 큰 글의 구조 속으로 통합된다. 또한 단편 단편으로 분해되어 다른 책의 다른 단편들과 활발하게 연결된다. 전자책은 자기를 내세우지 않는다. 전자책은 다른 책을 가리켜 보임으로써 독자로 하여금 글쓰기의 거대한 네트워크를 탐험하도록 유도한다. 이리하여 전자책은 책과 백과사전, 도서관의 경계를 무너뜨린다.

— 배식한, 「책의 미래」, 『인터넷, 하이퍼텍스트 그리고 책의 종말』,
책세상, 2000, 148-150쪽.

1. 디지털 도서관의 단점은 없는가?

_____

_____

_____

_____

_____

_____

_____

2. 가), 나) 글의 공통점을 찾고, '책이 사라진다'는 가정에서 책을 대신할 수
   있는 정보 체계에 대한 자신의 생각을 논술하시오.

_____

_____

_____

_____

_____

_____

_____

_____

_____

_____

3. 작품 속의 '독자'(앞의 문항 2)의 [답안 예시] 가운데 조성기의 「우리 시대
   의 소설가」(부분 참고)와 '악플 누리꾼'의 차이를 논술하시오.

_____

_____

_____

_____

_____

_____

_____

_____

_____

"말 한마디가 얼마나 처참한 결과를 빚는지… 아무 생각 없이 악플 올린 분들, 사죄해야 합니다."(ID uiop2l28)

"남의 고통을 자신의 쾌락으로 느끼며 안 보이는 곳이라고 함부로 말하는 게 추하게 느껴집니다."(ID sin333쩨)

21일 스물여섯의 나이에 스스로 세상을 떠난 유니(본명 허윤)가 인터넷 악플(惡과 reply를 합친 조어·악성 댓글)로 마음고생이 심했다는 게 알려지면서 누리꾼들 사이에서 그릇된 댓글 문화에 대한 비판이 일고 있다.

유니는 TV에서 노출이 심한 의상이나 선정적인 춤을 선보였고, 일부 누리꾼은 '얼굴 좀 봐, 안 고친 곳이 없다'는 등 악플을 올렸다. 그는 2005년 미니홈피에 "악플로 제가 상처받는답니다. 제 개인적인 곳이니 욕설은 피해 주세요."라고 호소하기도 했다.

교통사고로 10일 사망한 개그우먼 고 김형은 씨의 미니홈피에도 '해서는 안 될' 댓글이 붙기도 했고, 하리수는 22일 자신을 지속적으로 비방한 악플러 이모 씨를 명예훼손으로 형사고소했다.

누리꾼들은 악플이 장난의 수준을 넘어 인터넷의 익명성에 숨어 기생하는 사회 병폐로 확대됐다고 말한다. 이번 사건을 계기로 '사이버테러 신고를 강화하자'는 목소리가 커지는 것도 이 때문이다. 연세대 심리학과 황상민 교수는 "사이버 공간은 개인에게 안방 같은 사적 공간처럼 느껴지기 때문에 악플은 누구에게나 일어날 수 있는 돌발 행위"라며 인터넷 공간의 위험에 대해 경고했다.

물론 누리꾼들이 악플에 대해 '비판 운동'을 벌인 사례도 있다. 김형은 씨에 대해 문제의 댓글을 올린 이는 누리꾼들의 추적으로 드러났다. 네이버의 한 관계자는 "인터넷 실명제를 반대하며, 누리꾼들의 자율성을 보장해야 한다는 의견이 많았는데 이번 사건 때문에 이는 옹색한 주장이 돼 버렸다."고 말했다.

올해 7월부터 '정보통신망 이용 촉진 및 정보보호 등에 관한 법률' 개정안에 따라 하루 방문자 10만 명이 넘는 포털과 언론사 사이트에선 인터넷 실명제가 시행된다. 이 조치의 효과는 미지수이고 "표현의 자유를 침해한다."는 반대 의견도 많다. 그러나 표현의 자유가 '상대에 대한 비수'까지 보장하는 것은 아니다. 결국 인터넷을 올바른 광장으로 만드는 것은 누리꾼들의 몫이다. (김윤종 문화부, zozo@donga.com 2007. 1. 23)

3) 쓰기의 유의점

<서론 쓰기>는 문제 제기 즉, 논술의 첫머리는 문제 제기로부터 시작된다. 그래서 서론에서 글의 성격을 분명히 밝힐 필요가 있다. 그리고 <서론 쓰기>에는 글의 방향 제시가 필요하다. <본문 쓰기>는 다양한 방법으로 제시되지만 가령 ①주관 표현형 : 자신의 경험과 개인적 생각을 피력하는 것이고, ②사실 논거형 : 객관적 데이터와 과학적 사실을 기술하는 것이다. 또 ③소견 논거형 : 일종의 권위의 법칙이다. 어떤 상황에 대한 권위자의 의견은 자신의 주장을 뒷받침하는데 절대적이다. 따라서 주어진 과제에 대한 전문가의 견해를 익혀 두는 것이 좋다. 이 외에도 ④ 공시적 서술형 : 당대의 문제점을 서술하는 방식이다. ⑤통시적 서술형 : 역사적, 시간적 흐름 중심으로 글을 쓰는 과정을 말한다. 가령 역사적 관점을 통해 현시점의 문제점을 지적하는 것이다.

<결론 쓰기>는 ①요약형, ②비전형, ③역설형 등으로 구성된다. 하지만 이러한 글의 구성에도 주의해야 할 사항들이 있다. 논술의 글쓰기에는 주장과 동시에 비판, 비판에 대한 반론, 양비론에 대한 종합의 문제, 주장에 대한 감정적 선입견, 주장에 대한 구체적 표현 등과 같은 문제가 있다. 이를 몇 가지로 정리해 보자.

01. 비판의 문제

비판은 또 다른 비판을 낳게 마련이다. 따라서 비판에 앞서 대안을 준비하는 것은 당연하다. 자신의 종합적 사고를 통한 논리적인 진술의 글이라 하더라도 거기에는 또 다른 문제점을 안고 있다. 물론 세상에는 완벽한 논리나 주장은 있을 수 없다. 자신의 주장이 비판 받는 것은 당연한 일이지만 자신의 주장이 오락가락해서는 곤란하다. 자신의 주장에 일관성을 유지해야 한다는 것은 글쓰기에서 최소한의 요건이다.

02. 전략의 문제

비판은 단번에 끝나지 않을 수도 있다. 수용의 문제가 있고 그 글 자체의 문제를 내포하고 있기 때문이다. 주장에 대한 반론의 글은 다시 반론해야 하기 때문에 논쟁에서는 전략적인 글쓰기가 필요하다. 결론이 안고 있는 문제점 가운데 하나는 반박 논리이다. 그래서 견고한 주장이 무너질 수 있기 때문에 '반박 잠재우기'가 필요한 것이다. 이런 경우 논리를 수용할 수 없기 때문에 보완하는 쪽으로 유도하는 것이 좋다.

03. 종합의 문제

자신의 주장이 타인의 시각에서 벗어날 수 있다. 그럴 경우를 대비해서 글을 뭉뚱그려서 종합하는 것은 자신의 주장을 펼치는데 올바른 방법은 아니다. 논술은 어떤 요구 사항이 분명히 있다. 그렇기 때문에 자신의 주장이 객관적이거나 논증적이지 못할 때 비판을 받게 된다. 뚜렷한 자신의 주장은 결코 두루뭉실하게 표현할 수 없다.

04. 감정의 문제

주장을 펼칠 때 전달과 표현의 부족으로 감정의 비난이 난무하게 된다. 이는 사사로이 할 수 있는 이야기지만 객관적 글쓰기에는 절대 금물이다. 그래서 자신의 글은 반드시 객관성을 유지해야 한다. 감정에 치우치면 논점에서 벗어나게 되고, 주장의 설득력을 잃게 된다. 그렇다면 자신의 감정을 우회적으로 접근하거나 예화로서 전달하여 복선을 까는 것도 한 방법이다. 비유를 통한 촌철살인(寸鐵殺人)의 표현도 가능하다.

05. 구체성의 문제

표현의 방법에는 추상적 표현과 구체성의 표현이 있다. 중요한 주제는 추상적 문장을 쓸 수도 있지만, 이 주제를 뒷받침하는 문장은 반드시 구체성을 띠지 않으면 주제를 약화시킬 수 있다. 따라서 구체성은 반드시 객관성과 신뢰도를 가지고 있어야 한다. 그렇지 않으면 주장에 뒷받침되는 근거의 타당성을 무시하는 경우가 생긴다.

06. 서론과 본론, 결론의 문제

좋은 인상의 글은 서두에 독자들의 관심을 유발하는 화제를 언급하는 것이 좋다. 그렇지 않으면 일상적인 화제는 독자들이 외면하기 때문이다.[11] 현실적으로 민감한 문제는 독자들의 관심을 끌기에 좋은 재료라 할 수 있다. 글의 서두에서 본론의 글의 방향성을 설정할 수 논문에서 쓰이는 전형적인 방법, 즉 '……에 대해 검토하겠다.'거나 '……에 대해 알아보자.', '……을 생각해 보겠다.' 등의 경우는 주의할 필요가 있다. 이런 학술적인 글쓰기는 독자들의 읽기 부담을 가져 올 수 있기 때문이다. 뿐만 아니라 서론의 내용을 많게 혹은 지루하게 언급하는 것도 주의해야 한다. 서론의 내용이 많으면 읽는이가 논점을 잡기 힘들고, 지루하게 되면 읽는이가 쉽게 싫증을 내기 때문이다. 정작 중요한 것은 본론인데, 본론의 입구에서 읽는이가 읽기를 포기하는 수가 생긴다.

또한 본론에서 자신의 근거와 주장이 오류를 범하지 않았는지도 주의해야 한다. 결론에서는 독자들에게 설득을 통한 주장으로 맺는 것이 좋은데, 간혹 교훈적인 태도나 교화적인 태도 혹은 감상적인 태도로 마무리하는 경우도 있다. 이는 오히려 자신의 주장을 약화시킬 수도 있다. 가령 '우리 모두 노력해야 한다.' '살기 좋은 사회가 될 것이다.' '밝은 미래를

---

[11] ㄱ. 서론 작성에 주의할 점
①누구나 다 알고 있는, 상투적인 얘기를 늘어놓지 말 것. ②지나치게 장황하게 서술하지 말 것. ③단지 주의를 끌 목적으로만 제재를 사용하지 말 것. ④도입 부분의 진술과 논점의 방향이 연관되어 잘 이어지도록 할 것. ⑤본론과 결론과 유기적 관계에 놓이도록 할 것.
ㄴ. 본론 작성에 주의할 점
①자신의 견해를 명쾌하게 제시할 것. ②사고의 깊이와 폭을 충분히 드러낼 것. ③단락 나누기에 유의 할 것. ④적절한 진술 방식을 택해 자신의 주장을 뒷받침 할 것. ⑤논점에서 벗어나지 않도록 할 것. ⑥서론, 결론과 내용이 서로 겹치지 않도록 할 것(박종덕, 「논술의 원리」, 『국어 논술 교육론』, 박이정, 2005, 28-29쪽).

맞이할 것이다.' '나부터 반성해야 하겠다.' '명심해야 한다.' 등등이 그런 경우이다.[12)]

07. 입시 논술의 채점 기준

최근에 경희대 황승연 교수는 논술과 채점 기준에 대한 설문 조사 결과를 발표했다. 이 내용을 인용하면 다음과 같다.

대입 논술 시험 채점을 담당한 교수 가운데 상당수는 채점이 공정하지 못하다고 생각하는 것으로 나타났다. 경희대 사회 조사랩 황승연(사회학) 교수는 서울 소재 주요 대학과 지방 국립대 교수 291명을 대상으로 지난해 12월 27일-31일 설문 조사 결과 129명(44.3%)이 '논술 시험 채점 시 공정성과 일관성이 있는가'라는 질문에 '그렇지 않다'고 답했다. '공정하다'는 응답은 78명(26.8%), '중립'이라는 응답은 83명(28.5%)이 했다.

특히 이공계 교수의 51.0%가 '논술 시험 채점의 공정성'에 의문을 제기해 인문사회계 교수(38.2%)보다 논술 시험 채점에 대한 불신이 큰 것으로 나타났다. 설문에 응한 교수 가운데 219명(75%)은 실제로 논술 시험 답안지를 채점해 본 경험이 있었다. 또 교수들은 '현행 논술 시험이 고등학교의 정상적인 교육에 적합한 방법인가'라는 질문에 48.8%가 '그렇지 않다'고 답한 반면 '그렇다'라는 응답은 30.4%였다.

하지만 '논술 시험이 대학의 우수 학생 선발에 적합한 방법인가'라는 질문에는 '그렇지 않다'(40.1%)는 응답과 '그렇다'는 응답(38.8%)이 비슷했다. 바람직한 입시 방법에 대해서는 '대학 자율에 맡겨야 한다'고 답한 비율이 65.5%로 압도적이었고, 논술＋수능＋내신 13.1%, 수능＋내신 12.0%, 수능만 6.2%, 내신만 1.0% 순이었다.

조사를 실시한 황 교수는 "교수들은 논술 시험에 부정적이면서도 변별력이 있는 다른 방법이 없어 혼란을 겪는 것으로 분석됐다."며 "논술 시험 문제를 놓고 교수들조차 '우리가 풀수 있을까'라는 의문을 갖고, 2-3시간만에 채점을 끝내는 동료 교수들 보고 '제대로 읽기는 했을까'라고 생각하

---

12) 안규남, 앞의 책, 379쪽.

는 것 같다."고 말했다. 황 교수는 "논술 시험으로 점수를 매기지 말고 합격, 불합격만 판단하거나 각 대학의 자율에 맡겨 대학과 전공에 맞게 출제하는 등 제도를 보완해야 한다."고 지적했다.

— ≪동아일보≫, 2007. 1. 2.

위의 기사에서 두 가지 주의할 점을 찾을 수 있다. 대학마다 채점 기준이 다르다는 사실을 깊이 숙지해야 한다. 따라서 지원 대학의 입시 경향을 정확히 파악하여 논술 시험에 대비하는 것이 중요하다. 이처럼 대학별로 채점 기준이 다르다고 해도 공통적으로 요구하는 채점 기준을 알아야 할 것이다. 왜냐하면 채점 기준이 다른 모든 대학에서도 공통적으로 적용하는 것이 있기 때문이다. 그리고 인문, 자연 계열의 전공 교수들의 학문적 기본 바탕에 차이를 있음을 알아야 한다(본 졸저의 '영역별 차이' 참고). 또 하나 눈여겨 볼 것은 바로 '각 대학의 자율에 맡겨 대학과 전공에 맞게 출제'하는 대목이다. 이는 곧 본고사 형태의 문제로 진행된다는 것을 암시한다. 특히 자연계열 문제는 언어 논술보다는 답이 뚜렷한 전공 심화 문제 혹은 풀이 과정 형식의 문제를 암시하는 것으로 볼 수 있다.

대학 입시 논술의 방향은 크게 몇 가지로 묶여진다. 한국외국어대 신형욱 입학처장이 밝힌 입시 논술 관련 사항은 첫째 통합 교과형 문제로 여러 교과 영역이 섞인 문제를 출제하고, 둘째 고교 교육과정의 학습 내용을 벗어나지 않는다.(≪조선일보≫, 2006. 12. 14)고 밝혔다. 그리고 채점 기준에서 늘 이야기되는 것은 ① 제시문을 분석하기보다는 그대로 요약하는 것, ② 지나치게 자신의 생각을 강조하는 것, ③ 획일적인 답안 등을 주의해야한다고 했다.

한양대 최재훈 입학처장은 자신의 주장에 대해 적절한 근거를 제시하고 있는가, 제시된 근거들이 논리적으로 뒷받침하고 있는가를 중요하게 본다(≪동아일보≫, 2006. 11. 28)고 했다. 부산대 강영심 입학부처장은 제시문 중 하나를 고교 교과서에서 출제해 수험생이 고교 교육과정을 충실히 이수할 수 있도록 했다. 다양한 저서에서 발췌해 ①글의 내용을 정확하게 이해하는 능력, ② 지식을 체계적으로 종합하는 능력, ③ 자신의 주장을 근거있게 논증하는 능력, ④ 창의적 생각을 정확하게 표현하는 능력 등을 평가한다(≪동아일보≫, 2006. 11. 28)고 밝혔다. 이 외에 유형별로 몇 가지를 소개했다.

① 준비한 예상 문제를 그대로 옮겨 적는 찍기형
② 완전히 엉뚱한 답안을 적는 사오정형
③ 상반되고 모순된 주장을 하는 좌충우돌형
④ 같은 내용을 무의미하게 반복하는 중언부언형
⑤ 주요 내용이 불분명한 횡설수설형
⑥ 논리 비약이 심하거나 권위적으로 단정하는 도사말씀형
⑦ 어려운 용어만 골라 쓰는 과다유식형 등은 감점대상이다.

연세대는 2007년 2월 23일부터 4일간 실시한 인터넷 '논술 모의고사' 채점 결과(인문계 : 70.35점(평균) / 6,235명, 자연계 : 62.75점 / 4,723명)를 공개했다. 다음은 연세대가 공개한 우수 답안의 특징과 답안 작성시 유의사항을 정리했다.

　가) 연세대는 모의시험 채점 결과 많은 수험생이 공통적으로 실수한 부분을 정리한 '답안 작성시 유의사항'도 공개했다.
　인문계열은 문제에서 요구하는 것과는 상관없이 자신이 준비한 답을 그대로 전개한 답안이 감점 1순위로 꼽혔다.
　서론을 너무 길게 쓰거나 결론에서 본론의 내용을 단순히 반복하는 것은 피해야 한다.
　연세대는 "서론 부분은 가능한 한 짧게 작성하는 것이 좋고, 논지파악의 문항(문항1)에서는 서론과 결론 부분을 쓰지 않아도 된다."며 "기본적으로 본론 위주의 답안 작성이 바람직하다."고 밝혔다.
　제시문 문장을 그대로 옮겨 쓰거나, 적합하지 않은 예나 잘못된 인용을

사용하는 것도 감점 대상이다.

또 한 문단이 여러 생각을 담고 있어 핵심을 드러내지 못하는 '복잡한 문장 및 문단 구성'도 피하라고 조언했다. 문단의 핵심을 담은 주제 문장을 작성하는 연습과 짧고 분명하게 문장을 작성하는 연습을 많이 해야 한다.

자연계열은 비논리적인 문장이 가장 조심해야 할 부분이다. 과학적 지식을 근거로 합리적으로 설명하지 않고 단순히 사실을 열거하거나, 수학 문제를 풀듯이 수식에서 시작해 수식으로 끝나는 답안은 좋은 점수를 받지 못했다.

계열과 상관없이 수험생에게 빈번히 나타나는 실수로는 문장의 주술관계, 조사의 사용, 문단 구분, 올바르지 못한 어휘 사용이 지적됐다.

－《동아일보》, 2007. 3. 27.

▌답안 작성 시 유의사항

인문계열
① 문제 의도와 상관없는 자기 주장 전개
② 지나치게 긴 도입부와 결론
③ 복잡한 문장과 문단 구성
④ 제시문 문장 그대로 옮겨 적기
⑤ 적합하지 않은 예나 잘못된 인용

자연계열
① 비논리적 문장
② 설명하지 않고 암기한 사실을 나열하는답안
③ 단순한 수식 나열은 금물
④ 상황을 적절히 설명하는 수식 및 그림을 활용할 것

연세대 채점 관계자들이 말한 "논술학원에서 미리 외워서 준비한 답안을 쓰거나, 제시문 문장을 그대로 옮겨 적은 답안은 좋은 점수를 받지 못했다."는 점과 "자연 계열의 경우 글 외에 그림과 수식을 적절히 섞어 개념을 설명한 답안이 우수 답안"(《동아일보》, 2007.3.27)이라는 점을 주목할 필요가 있다.

서울대는 지난 달 실시한 통합 논술 모의고사 채점 결과(인문계 : 54.2점, 자연계열 : 41.33점)를 공개했다. 다음은 서울대가 공개한 모의 논술고사 채점 결과를 인용했다.

가) 김영정 서울대 입학관리본부장은 "논술에는 정답이 없다"며 "자신의 생각을 뒷받침하는 근거만 충실하다면 기본 전제가 잘못됐다고 하더라도 좋은 점수를 받을 수 있다."고 말했다.

인문계열 논술에서는 논제에서 요구하는 조건을 충실히 지키면서 구체적인 근거를 들어 주장을 펼쳐야 높은 점수를 받을 수 있었다. 서울대 측은 글이 비논리적이거나, 추상적인 어휘 남발, 제시문의 내용과 관계없는 주장, 독창성이 없고 근거 제시가 미흡한 글을 낮은 점수를 받았다고 설명했다.

김경범 입학관리본부 연구 교수는 "인문계열의 경우 '사회 구성원 간 대화를 통해 잘 노력하면 해결할 수 있다.'는 식의 상투적인 결론에 그친 답안이 많았다."고 지적했다.

자연계 학생들도 과학적 추론을 통해 문제 해결 과정을 서술하는 능력이 부족한 것으로 분석됐다. 김영정 입학관리본부장은 "문제가 어려웠다는 자연계열 학생 중 52.4%가 제시문 분석은 어렵지 않았으나 논제에 맞는 답안을 구성하기 힘들었다고 말했다."고 말했다. 이날 공개된 자연계열 논술의 평가 기준은 ① 개념의 원리의 이해·분석·구성 능력, ② 통합적 추론 능력, ③ 창의력, ④ 의사소통 능력 등이다. 문제 해결 과정에서 논리적인 문장과 함께 도표·모형·그림·수식을 적절히 섞어 쓰면 좋은 평가를 받았다.

▌논술점수 잘 받으려면…

인문계열

① 창조적인 반론 제기
② 감성적이지 않고 간결하고 명확하게
③ 논제의 지시사항(반론·재반론 등)을 충실하게 이행
⑤ 양시·양비론에 매몰되지 않고 결론의 일관성 유지

자연계열

① 교과내용을 통합해 추론 과정을 제시
② 이해한 내용을 논리적 문장으로 표현
③ 도표·그림·수식을 적절히 활용
④ 기본전제가 잘못되었더라도 과학적인 근거에 따라 논리적 설명

서울대 채점 관계자들은 "응시자가 논제를 이해하지 못했거나 논리

적·과학적 근거를 토대로 창의적인 주장을 전개하지 못해 낮은 점수를 받았다."고 분석했다. 따라서 논술에서 요구하는 제시문 분석과 논리적 근거, 창의적 주장 등이 중요하다는 것을 새삼 확인할 수 있다.

위의 여러 대학에서 말하는 논술의 특징과 유의점을 몇 가지로 정리할 수 있을 것이다. 따라서 이를 종합하여 알아둘 필요가 있다.

생각하기

「 논술 시험에서 주의해야 할 것들을 더 알아보자.

2. 글쓰기의 몇 가지 전략

정말 글을 잘 쓰려면 어떻게 해야 하는가? 필자는 우선 무조건 글을 써 보라고 말하고 싶다. 길을 가보지 않고 길이 멀다고 이야기하는 것은 우습지 않은가? 무작정 길을 가다 보면 왜 내가 이 길을 가야 하는가부터 시작해서 가는 도중에 경이로운 사실들을 발견하게 될 것이다. 그러나 무조건 간다고 해서 경이로운 사실들을 발견하는 것은 아니다. 가다보면 필요한 것과 챙겨야 할 것을 깨닫게 된다. 사실 무모하게 들릴지도 모르지만, 글을 무작정 쓰다 보면 글쓰기에 필요한 것을 하나씩 알게 된다. 원고지 앞에서 무작정 쓰는 무모함에서 하나씩 얻는 것이 더 절실할 수도 있기 때문이다. 그러나 좋은 글을 쓰겠다는 목적 의식만 뚜렷해야 한다.

1) 쓰기의 연습

어떤 일이든 잘하려면 수많은 시행착오(施行錯誤)가 있기 마련이다. 이러한 시행착오는 자신이 요구하는 최고의 수준까지 도달하는 수행 과정이다. 목표 의식과 달성을 보여 준 일화를 소개하면 다음과 같다.

가) 요트를 잘 타려면 배가 자주 전복되어야 한다고 하였다. 옆에서 윈드서핑을 배우고 있는 중년 남자를 가리키며 '저 사람이 3천 번쯤 물에 빠지면 윈드서핑의 도사가 될 것'이라고 하였다.

나) 스키장에서는 가파른 슬로프에서 유연한 동작으로 관문을 통과하는 선수들이 부러웠다. 옆에 있던 스키 강사에게 어떻게 하면 저렇게

탈 수 있느냐고 물어 보았다. 그는 한참 생각하더니 '약 200일쯤 가파른 슬로프에서 매일 수십 차례씩 넘어지면 됩니다.'라고 하였다.

다) 미국 대학을 방문 중에 서부극에 나오는 명사수를 연구하여 박사학위를 받았다는 조교수를 만났다. 그의 논문 주제는 '어떻게 하면 서부극의 명사수처럼 조준을 하지 않고도 명중시킬 수 있는가?' 였다. 박사논문이 끝날 때쯤에는 그도 명사수가 되었는데 약 2만 발을 쏘았다. 또 바보 같은 질문을 하고야 말았다. '명사수가 되는 요령은 무엇인가?' 그는 그런 질문을 많이 받았던 모양이다. 슬며시 웃더니 '맞추든 못맞추든 걱정하지 말고 2만 발을 쏘면 자연히 명사수가 됩니다.'라고 하였다.

　　　　　　　　　　　　　－ 이면우, 「자전거 이론」, 『신사고이론20』, 삶과 꿈, 1995, 35-36쪽.

위의 일화를 보면 목표를 이루려면 노력하는 것이 얼마나 중요한가를 알 수 있다. 따라서 글을 잘 쓰려면 엄청나게 쓰는 연습이 필요하다.

『원고지 10장을 쓰는 힘』의 저자 사이토 다카시는 "원고지 10장을 두려워하지 않는 사람이야말로 글을 제대로 쓸 줄 아는 사람이라고 정의하고 싶다."[13]는 견해를 밝혔다. 물론 원고지를 채우는 것이 중요한 것이 아니라 전달하고자 하는 내용이 중요하다. 내용의 중요성에 앞서 원고지를 채우려면 엄청나게 쓰는 연습이 필요한 것이다.

길을 여러 번 가다보면 필요한 것이 무엇인가를 정확하게 알게 되고 준비를 하게 된다. 여행에서 반드시 필요한 것이 필수품이라고 하는데, 글 쓰는 데는 당연히 필수품은 다작, 다상량, 다독이다. 이는 동시 다발적으로 행해야 하는 것이다. 물론 이를 짧은 시간 안에 다 이룬다는 것은 어려운 일이다. 그렇기 때문에 시간을 두고 준비를 해야 한다. 필자는 글을 쓰는 동안 많은 독서를 하고, 가슴으로 많은 생각을 하면서 글을 계획

---

13) 사이토 다카시/황혜숙 옮김, 「쓰는 것은 스포츠다」, 『원고지 10장을 쓰는 힘』, 부리 박스, 2005, 13쪽.

하고 집필하였다. 글을 쓰기 전부터 계획하고 집필하면서 수많은 수정을 했다. 이는 보통 글쓰기하는 동안 겪게 되는 고통의 과정이다.

2) 경험담과 관찰력

먼저 자신이 겪은 일부터 쓰는 것이 좋다. 이는 글감이 있어야 하는 글에서 쉽게 구할 수 있기 때문이다. 그리고 주변의 겪은 이야기, 난이도를 높여서 창작까지 가능하다. 창작은 아니더라도 정치, 경제, 문화 분야까지 분석하게 되는 전문가 수준의 글을 쓰게 된다. 그러나 목적에 맞는 글을 쓰는 것이 가장 중요하다.

휴대 전화 사용자가 인구와 비례할 정도로 보편화된 시대이다. 이런 휴대 전화를 통해 자신이 말하고자 하는 바를 전달할 수 있는 한 편의 글을 인용해보자. 전달 내용을 쉽게 파악할 수 있을 것이다.

애인과 휴대 전화

집에다 휴대전화를 놓고 나온 날이었다. 공연히 불안해서 일을 할 수가 없었다. 견디다 못해 퀵서비스를 부르고 말았다.

나만 그런 게 아니었다. 휴대 전화를 '폰'이라고 간결하게 부르는 '폰 중독' 10대부터 그걸로는 걸고 받는 것밖에 못하는 '폰맹' 40대 직장인까지 "애인은 하루 이틀 안 봐도 괜찮지만 폰 없이는 잠시도 정상적인 생활을 할 수 없다."고 했다.

휴대 전화가 애인보다 좋은 이유는 최소한 다섯 가지다.

첫째, 손안에 쏙 들어와 어디든 갖고 다닐 수 있다.

둘째, 싫어지면 쉽게 바꿀 수 있다. 업그레이도 가능하다.

셋째, 게다가 점점 똑똑해진다. 카메라 캠코더 TV 역할까지 해서 심심할 틈을 안 준다. 아는 것도 많은 데다 지갑 대용으로도 쓸 수 있다.

넷째, 내가 주도권을 가질 수 있다. 연락하고 싶으면 언제든지 하고, 싫으면 안 받으면 그만이다. 시끄럽게 굴면 진동모드로 바꾸거나 꺼버린다.

가장 중요한 건 다섯째다. 얼마든지 바람을 피울 수 있다는 점. 바로 앞에 사람을 앉혀 놓고도 딴사람과 내통하는 게 가능하다. 웃자고 하는 이야기이기도 하다. 그럼에도 불구하고 최근 1, 2년 새 휴대전화가 우리 삶에 가져 온 문화 변동은 웃어넘기기 힘들만치 다양하고 심오하다.

휴대전화와 인터넷은 둘 다 첨단 정보 테크놀로지를 대표하면서, 서로 통합되는 디지털 컨버전스(digital convergence)를 통해 이동 정보 사회를 이끌지만 한 가지 분명한 차이점이 있다. 인터넷의 네티즌은 내가 익명으로 숨어버리는 데 반해 모바일 폰으로 무장한 모티즌(motizen)에게는 내가 '나'라는 것이 가장 중요하다는 점이다.

철저한 개인화 장비인 휴대전화를 보면 그 사람을 알 수 있다. 신형인지 구형인지만 봐도 그 주인이 새로운 걸 얼마나 잘 받아들이는지 혹은 경제 사정이 어떤지가 보이고, 어떤 기능을 주로 이용하는지 안다면 관심사와 가치관도 능히 파악된다. 휴대전화와 잠시 분리되면 적잖은 이들이 패닉 현상에 빠지는 것도 이 때문이다. 휴대전화는 단순한 기기가 아니라 바로 나의 확장이기 때문이다.

인터넷은 모른 상대와 관심사가 같으면 사해동포주의를 나눌 수 있으나 휴대전화는 연(緣)을 더 중시한다. 개인주의를 심화시킨다기보다 친한 사람들을 더욱 친하게 만들어 기존의 네트워크와 단체 행동을 굳게 해준다. 친하지 않고 가까이하고 싶지 않아 내 기억번지에 들어올 수 없는 사람은 더더욱 얼굴 볼 필요가 없게 단절하고 소외시킨다.

인터넷보다 쉽고 빠른 휴대전화에 익숙해진 모티즌에게는 즉각성이 참으로 중요하다. 떠오르는 생각이나 궁금증은 숙성될 틈도 없이 곧장 휴대전화로 날아간다. '엄지족'들에게 문자를 주고 받고도 답신 안 보내는 '문자 씹는 행위'는 혐오의 대상이다. 전화를 걸었을 때 바로 연결 안 되는 상대는 '원격 신뢰(tele-credibility)'가 없는, 못 믿을 사람으로 찍히고 만다. 느리고 신중하고 보수적인 건 일종의 죄악이다.

모두가 휴대전화를 들고 있는 세상은 전부 등돌린 채 인터넷 화면만 들여다 보는 사회보다 더 삭막하다. 마주하고 있어도 그것과 함께 있는 게 아니다. 끊임없이, 계속적으로 '접속'되기를 바라면서도 당장 당신 바로 앞에 있는 나를 한없이 외롭게 만든다. 어디선가 더 짜릿한 일이 전화벨을 타고 날아올 것 같은 기대감과 긴장감으로 '지금 여기'는 무시되고 만다.

그러나 의미 있고 중요한 결정이나 행동은 단답형 해법이나 지식 정보보다는 직관, 믿음, 두려움같은 원초적인 힘에서 비롯된다. 이런 건 가볍고 표피적인 휴대전화 관계로는 나눌 수 없다. 테크놀로지의 전자불도저 효과 덕에 생산성이 암만 높아진대도, 이를 통한 인간관계엔 한계가 있다. 전인격인 헌신이 없는 삶은 허망하다.

애인이 진정 당신을 사랑하는지 궁금한가. 당신을 만날 때 휴대전화에 신경 쓰지 않거나 아예 꺼놓는다면 그는 당신을 더 소중하게 여기는 것이다. 아니라면? 마치 진동이 울린 듯이 휴대전화를 집어들고 외침으로써 복수하시라. "난데, 어디야?"

― 김순덕, 《동아일보》 논설위원

「↘ 휴대폰의 장단점을 생각해보자.

_____
_____
_____
_____
_____
_____
_____
_____
_____
_____
_____
_____
_____
_____
_____
_____
_____
_____
_____
_____
_____
_____
_____
_____
_____
_____

3) 영역별 차이

　논술의 영역은 크게 인문 과학 영역, 사회 과학 영역, 자연 과학 영역으로 나누고 있다. 이의 차이를 안다는 것은 글의 구성을 어떻게 할 것인가보다는 앞선 문제이다. 따라서 이의 차이를 알아 둘 필요가 있다.

　한 사람이 '가느다란 콩나물 줄기에 수박이 열렸다.'고 말한다면, 이를 본 자연 과학자들은 이 사람에 대해서 다음과 같이 평가할 것이다. 아마도 자연과학자는 우선 정신 병자일 것이라고 생각할 것이다. 왜냐하면 콩나물에 수박이 열린 것이라면 현실적으로 검증이 되어야 하는데, 이를 검증할 수 없다는 점 때문이다. 아니면 동화 (구연)작가라고 생각할 것이다. 왜냐하면 이런 이야기는 동심을 자극하는 창작, 창의적 발상이기 때문이다. 아니면 이 이야기를 긍정적으로 생각해서 실제 연구 실험을 할 것이다. 그래서 증명되지 않으면 실현 불가능한 이야기다라고 말할 것이다.

　이 이야기에는 인문학적 사고와 자연과학적 사고의 차이를 보여 주는 것이다. 가령 인문학은 가느다란 콩나물 줄기의 수박 이야기를 통해 재미있게 이야기를 꾸밀 것이다. 이는 바로 인문학의 창의성과 관련된 것이다. 반면에 실험을 통해 검증과 증명이 된 유전 공학의 성과를 기대할 것이다.[14] 사회과학은 '콩나물 줄기 수박'이 사회에 미친 영향을 예측하고 설명한다. 그래서 사회과학적 글쓰기는 "기술(description), 설명(explanation), 예측(prediction)의 기능을 수행"[15] 한다. 사회과학은 인간들로 구성된 사회의

---

14) 인문·사회 과학은 보통 주제의 독창성을 강조하지만 자연과학은 객관성과 검증성을 중시한다(이상경 외, 「보고서의 요건」, 『글쓰기 여행－토막글에서 통글까지』, 역락, 2005, 107쪽).

15) 정병기, 「사회과학 글쓰기의 기능」, 『사회과학 글쓰기』, 서울대학교출판부, 2005, 35쪽.
　　* 기술(description) : 복잡한 현실을 체계적이고 일관된 관점에서 재구성하여 나타내는 것,
　　* 설명(explanation) : 어떤 현상들 간의 인과 관계를 밝혀주는 작업,
　　* 예측(prediction) : 이론이나 법칙에 기초하여 미래에 일어날 일을 미리 추측하여 보는 것.

가치와 현상에 대해 연구하는 학문 영역이다. 따라서 사회과학 글쓰기는 인문학 글쓰기와 달리 미학적 감상의 서술에 머물러서는 안 된다. 그렇지만 현상에 대한 설명까지 사회과학 글쓰기가 배제되는 것은 아니다. 사회 현상에 대한 설명에 의의를 둘 수도 있고(설명 지향적 글쓰기 방식), 더 나아가 예측과 처방을 제시(처방 지향적 글쓰기)할 수도 있는 것이다.16) 입시 논술의 경우 수험생들의 사고력과 창의적 사고를 측정하기 위한 방안으로 문제에 대한 해결책 내지는 대안 제시를 요구하는 경향이 많다. 이는 처방 지향적 글쓰기를 요구하는 것이다.

시르크 뒤 솔레이유가 성공할 수 있었던 것은 경쟁을 멈춰야 미래에 성공한다는 사실을 인식했기 때문이다. 경쟁에서 이기는 유일한 방법은 경쟁자를 이기려는 노력을 그만 두는 것이다. 시르크 뒤 솔에이유가 이뤄낸 성과를 이해하기 위해, 레드오션(Red-Ocean)과 블루오션(Blue-Ocean)으로 구성된 시장 세계를 상상해 보자.

레드오션은 오늘날 존재하는 모든 산업을 뜻하며 이미 세상에서 알려진 시장 공간이다. 블루오션은 현재 존재하지 않는 모든 산업을 나타내며 아직 우리가 모르고 있는 시장 공간이다. 레드오션에서는 산업 간의 경계선이 명확하게 그어져 있다. 우리는 이를 받아들이고 그 게임의 법칙을 또한 알고 있다.

기업들은 기존 수요에서 큰 점유율을 얻기 위해 경쟁자를 능가하려 애쓴다. 시장 참가자 수가 늘어남에 따라 수익과 성장에 대한 기대치는 낮아진다. 애써 개발한 상품은 흔한 일상품이 되고 목을 죄는 경쟁으로 시장은 유혈의 바다로 변한다.

이와는 대조적으로 블루오션은 미개척 시장 공간으로 새로운 수요 창출과 고수익 성장을 향한 기회로 정의된다. 불루오션은 기존 산업의 경계선 바깥에서 완전히 새롭게 창출되는 경우도 있으나 대부분은 시르크 뒤 솔레이유처럼 기존 산업을 확장하여 만들어졌다.

블루오션에서는 게임의 규칙이 아직 정해지지 않았기 때문에 경쟁과 무관하다. 레드오션에서는 경쟁자를 능가하기 위해 붉은 바다를 잘 헤쳐 나가는 것이 중요하며 또한 항상 그럴 것이다. 그리고 이것은 언제나 비즈니스 라이프의 현실이다.

공급이 수요를 초과하는 대부분의 산업의 경우, 축소되는 시장 공간에서 점유율 경쟁이 필요한 것은 사실이다. 그러나 점유율에서 우위를 점한다고 하더라도 지속적으로 높은 실적을 내기는 어렵다.

기업은 이러한 한계를 뛰어넘어야 한다. 그리고 수익과 성장의 새로운 기회를 잡기 위해 블루오션을 창출해야 한다.

---

16) 정병기, 위의 책, 34쪽.

아쉽게도 블루오션은 항해지도에 잘 나타나 있지 않다. 지난 20년간 절대적 영향력을 미친 기업의 경영 전략 업무 포커스는 경쟁을 바탕으로 한 레드오션 전략이었다.

그 결과, 우리는 업계의 근본적 경제 구조 분석에서부터 원가 절감, 품질의 차별화, 또는 포커스 가운데 하나를 선택하는 전략적 포지션 결정, 경쟁자 벤치 마킹에 이르는 여러 가지 효과적인 기술로 레드오션에서 경쟁하는 방법을 배워왔다.

그간 블루오션을 주제로 한 학술적 토론은 있었지만 그것을 창출하는 방법을 가르쳐주는 실용적 지침서는 거의 없었다. 블루오션 창출은 경영진이 이를 위한 분석적 프레임워크와 효과적 리스크 관리 원칙을 갖지 못하면 전략으로 추구하기에는 위험 부담이 너무 커 단순히 희망 사항으로만 머무를 가능성이 있다.

— 김위찬·르네 마보안 / 강혜구 옮김, 「새로운 시장 공간」, 『블루오션 전략』, 교보문고, 2005, 5-6쪽.

2005년 한 때 유행했던 '블루오션' 개념으로 기업의 생존 경쟁 전략을 보여 주는 글이다. 앞으로 기업이 경쟁이 치열한 시장 공간에서 나아가야 할 방향을 제시한 글인데, 이는 새로운 전략이 필요함을 강조하고 있다. 이처럼 현상에 대한 새로운 시각을 가지고 있어야 자신의 주장이 신선하게 받아들여 질 수 있는 것이다.

4) 종소리와 돌소리

서울대를 비롯하여 점수대가 높은 대학의 입시 논술에서는 채점 기준을 이해력(지문에 대한), 논증력, 독창성과 같은 점을 중시한다. 이는 논술이 요구하는 기본적인 성격이다. 따라서 좋은 논술은 이와 같은 요건을 갖추는 것이다. 이 가운데 가장 비중을 두는 것이 독창성이다. 이 독창성은 주어진 제시문의 이해를 바탕으로 하여 자신의 생각을 표현하는 데 있어 논리성과 합리성을 동시에 수반하는 문제이다.

시중의 좋은 여러 교재들이 한결같이 좋은 글의 요건을 언급하고 있는데, 대체로 충실성, 완결성, 경제성, 독창성, 정확성 등과 함께 알맞은 문장 구조 등을 꼽는다. 독창성은 글의 내용에서 찾을 수 있다. 독창성은 새로운 시각을 보여 주는 것이다.

　사이토 다카시는 "글을 쓸 때에 사물을 설명하는 부분과, 자신의 생각을 표현하는 부분을 어떻게 배분하느냐에 따라 독창성의 정도가 결정된다."(「독창적인 글을 쓴다」, 앞의 책, 139쪽)고 한다. 부연하자면 주어진 문제에 대해 논함과 동시에, 자신이 어떤 생각을 가지고 있는지를 표현하는 것이 관건이다. 자신이 어떤 생각을 가지고 있는지를 직접적으로 표현할 경우 상당 부분 객관성을 유지하기 어렵다. 그래서 선인들의 지혜나 좋은 내용들을 가지고 언급하는 것이 좋다. 비록 직접적이지는 않지만 간접적으로 강한 주장을 펼칠 수 있다.

　필자는 ≪더 에지(The Edge)≫라는 영화를 본 적이 있다. 이 영화의 주인공이 북극에서 혼자 살아남게 되면서 삶의 방향을 찾는 과정과 음식물을 섭취하는 장면이 나온다. 이 때 필자는 두 가지를 주목했다. 하나는 자신의 별장으로 가는 방향을 잡기 위해서 물 위에 낙엽을 띄우고, 그 위에 손목시계의 긴 시침을 놓아 남북의 방향을 찾는다. 또 하나는 잡은 물고기를 구워 먹기 위해서 불이 필요한데, 이 불을 얼음 돋보기에서 구하는 장면이 나온다. 우리의 상식은 얼음이 태양에 녹는다는 것이다. 얼음이 태양에 녹는다는 상식을 넘어서 '얼음 돋보기'로 불을 피울 수 있다는 것을 보여 준 영화처럼 새로운 생각이 필요하다. 이 영화를 통해서 엿볼 수 있는 것은 창의성을 가진 주인공의 사고라고 할 수 있을 것이다. 글은 이런 사고를 필요로 한다.

　20세기 미술 흐름을 주도했던 달리(S. Dali, 1904~1989)의 초현실주의 미술이나 피카소(P. Picasso, 1881~1973)의 입체파 미술(「나는 피카소다」, ebs. co. kr. 교양/문화 참고)은 그 창의적 사고의 극단의 예들이라 할 수 있다. 달리가 보여 준 시간 초월의 그림이나 피카소의 『아비뇽의 여인들』에서 보여 준 입체파의 미술은 유명하다.

　『삼국유사』에는 만어사(萬魚寺)에 있는 돌에서 종소리가 난다는 기록이 있다. 실제로 필자는 이 만어사를 찾아가서 종소리를 들었다. 우리의 상식은 돌에서는 둔탁한 음이 난다고 생각한다. 이러한 상식에서 벗어나 우리 주변의 새로운 사실을 발견한 것처럼 좋은 글도 새로운 사실을 발견한 내용을 담아야 한다. 따라서 돌에서 종소리가 나는 상식을 넘는 사고를 할 필요가 있다. 물론 그 결과는 논리적 타당성이 없으면 대개 '엉뚱한 소리'를 한다고 말한다.

경남 밀양시 삼랑진읍에 있는 만어산은 멀리서 보면 평범한 토산이다. 삼랑진읍에서 북쪽으로 4km 정도 들어가서 산의 초입에 서면, 경운기 한 대 다닐 수 있을까 한 좁은 길이 산 위로 나있다. 그 길을 2km 남짓 구불구불 올라가노라면 심상치 않은 구경거리가 하나 나타난다. 길 옆에 검붉은 빛 바위 덩어리들이 마치 산 위에서 흘러내리다가 멈추어 선 듯한 모습을 보여주는 것이다. 그곳을 지나면 음식점이 몇 채 모여 있는 작은 산동네가 나오고 조금 더 가면 만어사 절이 나온다. 주차장으로 쓰이는 널찍한 마당이 있고 거기서 층계를 오르면 다시 마당인데, 그 한쪽 편에 고려시대에 세워진 석탑이 하나 얌전하게 서 있다. 그 뒤로 높지 않은 석단 위에 대웅전이 있고 또 산신각인가 하는 전각이 하나 더 있다. 여기까지는 우리나라 어느 곳에서나 볼 수 있는 그렇고 그런 절집 풍경이다.

그러나 석탑이 있는 쪽으로 마당을 가로지르다 보면, 전혀 예기치 못한 광경과 마주치게 된다. 바로, 수천 수만 마리의 물고기가 뛰놀고, 아름다운 음악소리가 들린다는 강이 펼쳐지는 것. 흔히 너덜 또는 너덜경이라고 불리우는 그 강은 길이 약 1km, 넓은 곳의 폭이 100m에 이르는 장관을 이루며 산 아래쪽으로 흐르고 있다. 너덜을 이루는 수많은 바위덩이들이 마치 물고기 떼가 수면을 향해 머리를 쳐들고 있는 듯하다고 해서 만어석이라고 불리우기도 한다. 이 풍경의 내력이 『삼국유사』 '어산불영(魚山佛影)'조에 나와 있다.(…중략…)

『동국여지승람』을 뒤적이다가, 거기 밀양도호부 '고적'조의 '만어산 경석(磬石)' 항목에서 이런 기록과 마주쳤다.

"산중에 한 골짜기가 있는데 골짜기 안에 있는 크고 작은 바윗돌에서 모두 종과 경의 소리가 난다. 세상에서 전하기를 동해의 물고기와 용이 돌로 변했다고 한다. 세종 때에 이를 채굴하여 악기를 만들었으나 음률이 맞지 않아서 폐지하였다."

— 김대식 / 서울디지털대 교수(김대식의 '現場에서 읽는 삼국유사'<22> —밀양 만어사 / 네이버 통합 검색)

필자는 얼마 전 모 일간지를 통해서 재미있는 기사를 읽은 적이 있다.
"영국의 옥스퍼드와 케임브리지대 지원자들은 까다롭고 괴팍한 면접 질문에 대답할 준비가 돼 있어야 하겠다."는 기사 내용인데, 여기에 이 대학에서 필요한 면접 내용을 소개하고 있었다. 그 내용은 잠깐 소개한다.

- 여기 나무껍데기 한 조각이 있다. 이것에 대해 말해 봐라.
  (옥스퍼드대 생물학부)
- 당신은 쿨(cool)한가.
  (옥스퍼드대 철학, 정치, 경제학부)
- 어떤 시점에서 사람이 사망했다고 하는가.
  (케임브리지대 의대)
- 이 찻주전자의 화폐적 가치를 매겨 봐라.
  (케임브리지대 철학, 정치, 경제학부)
- 전 세계 물의 몇 퍼센트가 젖소에게 들어 있는가.
- 19세기 정치인 가운데 토니 블레어 총리와 가장 닮은 사람은 누구인가.
- 파마는 어떻게 되나.

위의 질문들을 보면 철학적 질문으로부터 생활 질문까지 있다. 이 문제에 대해 어떻게 합리적으로 대답하느냐에 달려 있다. 이를 논술한다고 하더라도 자신의 생각을 논리적, 합리적으로 글을 서술해야 할 것이다.

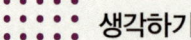 생각하기

⌐ 위의 질문 가운데 하나를 골라 자신의 생각을 표현해 보자.

_____
_____
_____
_____
_____
_____
_____
_____
_____
_____
_____
_____
_____
_____
_____
_____
_____
_____
_____
_____
_____
_____
_____
_____
_____
_____

5) 토론과 논술

기업체나 대학에서는 면접을 요구한다. 소위 시험을 통과하는 것만큼 중요한 면접이라는 것이 있다. 면접을 할 때, 어떤 현안 문제를 질문하고 질문한 것의 답에 대해 반론을 또한 하게 된다. 이럴 경우 토의뿐만 아니라 토론이 이루어진다. 또한 사회 생활 곳곳에서 회의와 세미나가 이루어지는데, 이때 토의와 토론은 이루어지게 된다. 이러한 토론이 논술과 어떤 연관성이 있는지를 알아둘 필요가 있다.[17]

토론과 논술은 자연스럽게 연관 관계가 있다. 토론은 말하자면 '말로 하는 논술'이고, 논술은 '글로 쓰는 토론'이다. 모두 어떤 주장, 신념, 가치, 태도 등이 올바르고 정당하다는 것을 논증을 통해 보여주는 것이 핵심이다. 논술은 글로써 논증을 펼치는 것이고, 토론은 말로써 논증을 펴는 것이다.[18] 왜냐하면 토론이 단순한 대화와 다른 점은 둘 이상의 사람들이 서로 경쟁적으로 어떤 주제에 관해 어떤 논증을 펴서 누가 더 설득력이 있는지를 따져 본다는 점이다. 그런 점에서 토론은 논술과 직접적으로 연결되는 말하기 형식이라 할 수 있다.[19]

논술이 자신의 주장을 논증의 기초를 가지고 출발한다는 점은 토론 역시 사실과 근거로 출발한다는 점에서 공통점이 있다. 토론은 필요에 따라 논제가 정해지기 마련이다. 그러나 이는 준비하는 과정에서 얻는 즐거움도 있지만 이를 듣는 청중들을 고려하거나 반박과 같은 어려움이 내재해 있다. 그래서 항상 반박을 수용하거나 대응하는 준비도 함께 해야 하는 어려움이 있다.[20] 물론 아무거나 준비해서 발표해서는 안 된다. 발표할

---

17) 토론은 "논리적으로 사고하고 논리적으로 표현하는 능력"(전영우, 「토론의 방법」, 앞의 책, 258쪽)을 향상시킨다. 논리적 사고와 표현은 논술에서 중요한 요소임을 주지하는 바이다. 논술에서 토론의 영향력은 크기 때문에 토론 학습은 중요하다.

18) 최훈, 『논리는 나의 힘』, 세종서적, 2003, 95쪽.

19) 최훈, 앞의 책, 94-95쪽.

20) 주장에 대한 반격의 경우— ① 이론으로 따져올 때, ② 전체를 무시하고 부분만 따질 때, ③ 예화를 많이 들때, ④ 지식을 뽐내올 때, ⑤ 숫자를 내세울 때, ⑥ 속담

때 논제는 대략 네 가지로 나누어 볼 수 있다.[21]

① 사실에 관한 논제 : 담배는 사람 몸에 해롭다. 한국의 시장은 개방돼 있다.
② 가치 판단에 관한 논제 : 이순신 장군은 명장이었다. 우리나라 영
  어 교육은 비실용적이다.
③ 정책에 관한 논제 : 철도를 민영화해야 한다. 대학은 교육 제도를
  개혁해야 한다.
④ 응용형의 논제 : 생산성을 배가하려면 어떻게 해야 할까. 경쟁사를
  압도하려면 어떻게 해야 할까.

위와 같은 예를 통해 어떤 형태를 띤다는 것을 알 수 있다. 이제 토론
이 갖는 장단점에 대해서 알아 둘 필요가 있다. 이러한 토론이 모두 장점
만 있는 것은 아니다. 단점 또한 있다는 사실을 염두에 두어야 한다.[22]
우선 장점은 다음과 같다.

① 여러 사람이 참여해서 자기 나름대로 지식이나 정보를 개진하기
  때문에 개인 혼자서 생각하는 것보다 많은 지식과 다양한 정보에
  접근할 수 있다.
② 토론자마다 갖고 있는 능력이 각기 다르고 문제를 보는 시각도
  다르기 때문에 다양한 견해나 해결책을 제공받을 수 있어 다각도
  로 접근할 수 있다.
③ 토론을 함으로써 서로간의 의사소통이 활발히 이루어지면, 의사
  소통 부족으로 생기는 소외 등 여러 문제들을 줄일 수 있다.

과 격언을 이용할 때, ⑦ 역사 법칙으로 따질 때, ⑧ 논의가 버젓이 맴돌 때, ⑨ 질
문 공세로 본심을 감출 때, ⑩ 이쪽에 유익하다고 강요할 때, ⑪ 과장된 표현으로
나올 때, ⑫ 형용사를 많이 쓸 때, ⑬ 감정적으로 바뀔 때(전영우, 「토론의 구성」,
『토의토론과 회의』, 집문당, 1999, 314~325쪽)
21) 전영우, 「토론의 방법」, 앞의 책, 260-263쪽.
22) 민영욱, 「토론의 목적은 정보 공유와 문제 해결에 있다.」, 『토론의 법칙』, 가림출
  판사, 2003, 39-41쪽.

다음은 단점을 정리한 것이다.

① 토론을 통해 의사결정이 이루어지면 반대 의견을 억누르고 결정에 따르도록 압력이 가해진다. 이른바 다수의 논리가 소수를 억압하게 된다.
② 여러 사람이 의견을 제시하고 커뮤니케이션 하기 때문에 개인이 혼자서 의사결정하는 것보다 더 많은 시간과 에너지가 소모되므로 신속하게 의사결정을 하여 행동하기 어렵다.
③ 어떤 토론자나 파벌이 지배하게 되면, 상대 토론자들의 자유로운 의사표현이 곤란하며, 경우에 따라서는 차선책을 채택하는 오류를 범할 수 있다.
④ 토론 과정에서 의견 불일치가 팽팽히 맞서는 경우, 토론자나 그가 속한 집단 간에 갈등이 생기고, 서로에 대해 나쁜 감정을 갖게 되는 일도 발생한다.

*최종적인 의사 결정이 이루어졌음에도 불구하고 실패하는 경우, 구성원들 대부분이 그 해결 방안을 납득하지 못하고 받아들이지 않으려 한다. 그러나 그 결정을 직접적으로 실행에 옮기는 사람들과 그 결정의 영향을 받게 되는 사람들이 토론이라는 의사 결정에 직·간접적으로 참여한다면 그 결정을 수용하는 것이 비교적 수월해진다.[23]

발표할 때 중요한 것은 자신의 주장을 펼치는 것[24]이고, 이를 통해 정

---

23) 민영욱은 이 항목을 장점에 두고 있는데, 필자가 보기에는 오히려 단점에 가깝다고 판단하여 단점의 항목에 둔다.
24) 토론자가 발언을 잘하지 않는 이유(민영욱, 「제2장 토론자의 토론참여기법」, 앞의 책, 67쪽)는 다음과 같다.
　①주장하기에는 증거가 부족한 경우
　②문제에 관심이 없는 경우
　③생각을 정리하다 말할 시기를 놓쳐버린 경우
　④망신이나 당하지 않을 하는 우려
　⑤사회자나 의장에 대한 불신감

보를 전달함과 동시에 설득을 전제로 한다. 발표의 목적에 따라 그 내용이 달라진다. 그래서 발표의 목적이 무엇인지를 분명히 알아야 한다. 대화를 잘하는 방법은 듣는 이가 쉽게 정확하게 이해하도록 하는 것이 중요하다. 이를 위해서는 실물에 의한 것, 사진이나 그림에 의한 것, 도표나 통계에 의한 것, 쉬운 예를 드는 것, 오감에 호소하는 것 등이 있다.25) 이러한 것들을 가지고 발표할 때는 '듣는 사람의 관심을 끄는 단계―화제를 소개하는 단계―주제를 제시하는 단계―주제를 전개하는 단계―결론을 집약하는 단계'26)로 하면 적당하다. 물론 발표가 끝난 다음 단계에 이루어지는 질문이나 토론은 분명 준비해야 한다.

　발표시 주의할 점을 몇 가지 정리해 보면 다음과 같다.27) 청중들을 부정적 입장에서 극단적으로 파악한 경우를 상정해 보면 필자를 비롯한 많은 사람들이 공감할 것이다.

① 알고 싶어 하지 않는다.
② 관심도 없다.
③ 기초 지식이 없다.
④ 전문 용어도 모른다.
⑤ 억지로 끌려와 앉아 있다.
⑥ 이야기가 끝나기만을 기다리고 있다.
⑦ 나에 대해 반감을 가지고 있다.

---

⑥ 반론을 제기하기 어려운 상황
⑦ 상대에게 밉게 보이지 않으려는 생각
⑧ 조직 내 사정으로 말을 자제하는 경우
⑨ 자신의 발표력이 부족하다는 생각
⑩ 결정하고도 실천하지 않기 때문에 토론이 무의미하다는 생각

25) 전성일, 「적재적소에 사용하는 화술」, 『화술의 힘』, 미래북, 2004, 134-136쪽.
26) 전성일, 앞의 책, 137-138쪽.
27) 이면우, 「축전지 이론」, 『신사고 이론』, 삶과 꿈, 1996, 98쪽.

이러한 특성을 파악하여 역지사지(易地思之)한다면, 오히려 좋은 발표를 할 수 있을 것이다. 물론 '2만발의 명사수'가 되도록 부단한 노력이 뒤따라야 할 것이다.

발표하기 전에 그 내용을 정리하는 것도 매우 중요하다. 왜냐하면 주어진 시간 내에 청중들에게 발표 내용을 정확하게 전달해야 하기 때문이다. 정리한 내용을 발표 장소에서 적절하게 활용하는 것도 한 이유이다. 다음은 '보고서가 발표에 도움이 되는 6가지 이유'[28]를 정리한 것이다.

① 보고서를 미리 배포하고 검토를 부탁한 후에 발표를 하면, 상대의 이해도가 훨씬 높아진다.
② 발표회장에서 긴장감이 상당 수준 완화된다. 보고서를 썼다는 것은 이미 전체적인 발표 내용을 일차적으로 소화했다는 의미다.
③ 말로 표현하기 힘든 대목을 글로 표현함으로써 의사 전달이 명확해진다. 도표나 그래프, 관련 그림이나 사진 등은 보고서에 얼마든지 자유롭게 표현해 넣을 수 있다.
④ 상대방으로부터 준비성에 대한 높은 평가를 얻을 수 있다.
⑤ '이러이러한 내용으로 보고를 했다'는 하나의 증빙자료로써 중요한 기능을 한다.
⑥ 보고서 작성을 습관화하면 발표와 관련한 정리 능력, 논리적, 표현력 등이 향상된다.

---

28) 하우석, 「보고서가 발표에 도움이 되는 6가지 이유」, 『발표의 기술』, 한국경제신문, 2005, 173~176쪽).

<토론 구성의 3요소>

토론에 이기기 위해 삼각형을 만들 필요가 있다. 이 삼각형의 한 각이라도 뭉그러지면 이쪽이 지게 돼 있다. 다음에 예를 들어 설명한다. 살인사건의 용의자가 잡혔다.

형　사 : 당신이 살인사건의 범인이오. 죄상을 자백하시오. 증거가 확보돼 있소.
용의자 : 그렇지 않소. 천만의 말씀이오.
형　사 : 5월 5일, 밤 10시에 당신은 어디에 있었소?
용의자 : 호텔방에서 원고를 썼소.
형　사 : 그 때 당신이 호텔방에서 원고를 쓰고 있는 것을 본 사람이 있소?
용의자 : 호텔 웨이터에게 커피를 가져오게 했소.

이것을 앞의 3요소에 따라 표현하면 다음과 같다.
주장, 나는 범인이 아니다.
사실, 나는 그 시간에 호텔방에 있었다(웨이터가 증명하고 있다).
논거, 내가 동시에 범행 현장과 호텔방에 있을 수 없다.

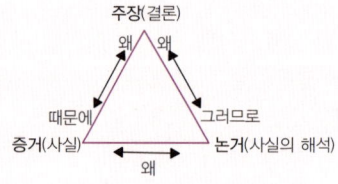

<논의의 3요소>

－ 전영우, 「토론의 구성」, 『토의토론과 회의』, 집문당, 1996, 283~284쪽.

<토론 3요소의 허점>

의논 및 토론은 3개 요소가 모두 갖추어진 때 완전하다. 요컨대, 사실(증거), 논거(사실의 해석), 주장(결론)의 세 개 요소이다. 따라서 상대의 논리를 무너뜨리려면 이 3요소 가운데 어느 하나를 무효로 만드는 것이다.

'결근자가 많은 직장은 모럴이 낮다'는 대전제를 예로 들어 설명한다. 이 경우 사실(증거)로서, '이 직장에 결근율이 높다'를 내세웠다. 그러나 자세히 조사해 보면 4명의 여사원이 야간대학의 시험 때 결근한 일수가 많았던 것이다. 이 사실은 특정 여사원 4명에 한한 일이어서 직장 전체는 결근율이 타 회사 평균치에 견줄 때 결코 높은 편이 아니었다. 여기서 '이 직장은 결근율이 높다'는 사실(증거)을 끌어 내는데 무리가 있음이 분명하다. 이 점을 공격하면 주장이 무너진다.

1. 일반적으로 증거에 사용되는 사실을 공격할 때 다음과 같은 점을 지적하면 좋다.

① 사실은 과학적이며 객관적으로 인정된 것인가, 남의 의견이 아닌가.

② 그것은 그 방면의 전문가가 만든 것인가, 데이터를 만든 사람은 신뢰할 수 있는가.

③ 사실의 조사 방법, 조사 기간, 자금 상태, 질과 양 등은 적정한가.

④ 데이터는 새로운 것인가.

⑤ 데이터는 주장을 끌어 내기 위해 정당한 증거가 될 수 있는가.

2. 일반적으로 상대편 논거를 공격하려면 다음 사항을 지적하면 좋다.

① 사실에 대한 해석이 틀린다.

② 사실에 대한 별도 해석이 성립된다.

③ 사실이 결론을 끌어 내기에 충분한 내용을 가지고 있지 않다.

④ 사실이 확대 해석되고 있다.

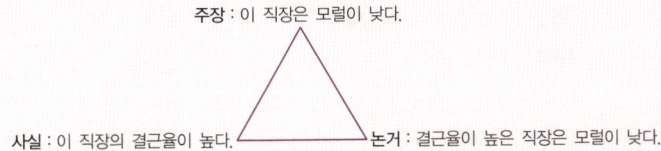

3. 주장을 무너뜨리는 방법은 주장 자체를 부정한다. 결국 상대와 전혀 다른 사실과 논거로써 부정적 결론을 끌어 내어 부딪친다. 이 경우의 포인트는 이렇다.

① 상대와 대립되는 결론을 채용한 경우의 메리트를 강조한다.

② 상대편이 논점으로 다루지 않은 것을 논점으로 삼는다.

— 전영우, 「토론의 구성」, 위의 책, 298-301쪽.

7월 인터넷 실명제 의무화

(가) 사이버 폭력 예방 불가피 — 양동철(숭실대 법학과 교수, 변호사)

'대형 인터넷 게시판 이용자에 대한 제한적 본인 확인제'에 대한 여론은 찬성 쪽으로 기울어져 있다. 하지만 표현의 자유 침해해 위헌이라거나 부작용이 많다는 반대 의견도 있다. 그러나 실명제는 표현의 자유를 빙자한 범죄 행위를 막기 위해 반드시 필요한 고육지책(苦肉之策)이다.

인터넷은 아무런 구애를 받지 않고 자신을 표현할 수 있는 꿈같은 공간을 제공했다. 하지만 인류의 이해와 동질감을 주대시켜 주리라는 짧았던 기대가 무색하게, 사이버 공간에서 수많은 복면자객이 자신과 뜻이 다르다는 이유로 언어의 칼을 무자비하게 휘두른다. 인간의 악성이 그대로 표출되는 '악플(악성 댓글)'이라는 암기다. 피해자는 사회적 명예가 실추되고 심지어 '공공의 적'이 된다.

최근 잇따른 연예인 자살 사건에도 악플의 망령이 어른거린다. 우리는 백주에 벌어지는 언어의 테러를 즐기기도 하고 나약한 방관자가 되기도 하면서, 나도 언젠가 희생양이 될지 모른다는 전율에 떨어야 한다. 이는 궁극적으로 사회 통합을 깨뜨린다.

지난 3년간 출판물에 의한 명예 훼손죄가 감소한 반면 인터넷에 의한 명예훼손죄는 대폭 증가했다. 그 동안 시행된 공적제도와 사업자의 자율 규제는 악플 테러를 막기 역부족이었다.

실명제를 반대하는 가장 큰 이유는 표현의 자유를 제약하기 때문이라고 한다. 그러나 표현의 자유는 무제한이 아니다. 헌법은 표현의 자유도 타인의 명예나 권리를 침해하지 않은 범위 내에서 허용됨을 명백히 하고 있다. 실명제는 바로 이러한 불법 행위를 억제하려는 제도일 뿐 표현의 자유를 제한하지는 않는다. (…중략…) 실명제는 인터넷상의 언어 폭력을 방지하는데 큰 역할을 할 것이 틀림없다.

(나) 정보 이용 불평등 우려 — 허진호(한국 인터넷 기업협회장)

인터넷상의 본인 확인을 의무화하는 것이 헌법에 보장된 '표현의 자유'를 침해하는지를 둘러싸고 지난 몇 년간 치열한 논쟁이 있었다. 찬반이 엇갈렸음에도 불구하고 사이버 폭력, 명예훼손 등의 인터넷 역기능을 줄여야 한다는 사회적 공감대가 있었기에 이번 제도가 도입된 것이라 생각한다.

시행령 개정안을 일정 규모 이상의 포털과 인터넷 언론 사업자가 취해야 하는 본인 확인 조치에 대해 '공인인증기관, 신용정보업자 기타 본인 확인 서비스를 제공하는 제3자에 의뢰하거나 대면 확인 등을 통해 게시판 이용자가 본인임을 확인할 수 있는 수단의 마련'이라고 정의하고 있다.

제시된 기준은 사업자가 통상적으로 본인 확인을 할 수 있는 현실적 방법이다. 하지만 취약점은 있다. 공인인증서는 안정성과 보안성이 뛰어나지만 유료 가입자가 100만 명 정도밖에 되지 않는다. 신용정보업자 등 제3자에 의뢰하면 공인인증서보다는 포괄 범위를 넓힐 수 있지만, 국내 통장 발급이 없었던 사람이나 신용불량자는 확인하기 어렵다. 남은 한 가지 방법인 대면 확인을 위해 인터넷 이용자가 회사를 방문하기는 힘들다.

시행령을 만드는 정보통신부 또한 상당히 고심했을 것으로 본다. 현재는 열거된 것 외에 다른 방안이 나오기 어렵다. 그러나 근본적인 대안을 찾으려는 노력도 병행해야 한다. 청소년, 해외교포, 신용불량자, 외국인, 기타 한글 사용자 등 본인 확인을 할 수 없는 사람이 다수 발생할 수 있기 때문이다. 이는 본인 확인이 안 된다는 이유로 인터넷 게시판에 글을 올릴 수 없게 된다는 것을 의미한다.

이와 같이 인터넷상의 본인 확인 기준은 이용자의 평등권과 관련돼 있으므로 신중하게 확정해야 한다.

−《동아일보》, 2007. 3. 8..

1. (가)와 (나)의 내용을 각각 '주장−사실−근거'로 나누어 정리하시오.

_____

_____

_____

_____

_____

_____

2. (가)의 '사실'을 무너뜨리는 방법을 (나)를 바탕으로 논술하시오.

_____

_____

_____

_____

_____

1. 동북공정이란?

'동북변강역사여현상계열연구공정'(東北邊疆歷史與現狀系列研究工程)의 줄임말로서, 중국 동북 변경 지방의 역사와 현황에 대한 일련의 연구 작업을 뜻한다. 2002년부터 2006년까지 5년 계획의 이 프로젝트는 중국 정부의 승인을 받아 연구비 총 200억위안(약 3조원)을 투자하여 중국 사회과학원소속 변강사지 연구중심(邊疆史地研究中心)이 주관이 되어 추진하고 있다.

2. 동북공정의 배경과 목적

1) 중국동북지역 주도권 분쟁에 대비한 사전 포석

2) 남북통일에 대비 사전 정지작업

3) 동북지역 문화유적지 부각에 따른 사전 대비책

4) 영토패권주의의 발로

5) 지속적인 소수민족 동화책 사용

3. 서북, 서남공정 자리매김

문화문명탐원공정, 하상주 단대공정, 중국의 티베트 역사 왜곡과 고구려 역사 왜곡 비교

4. 동북공정으로 인한 한국과 중국의 대립

1) 역사왜곡사례

－중국 교과서 왜곡 실태, 상고사 이전의 역사도 빼앗길 우려, 고구려 성산산성 비문에 '고구려는 중국의 지방정권이다'라 새김, 목판 인쇄물 '무구정광대다라니경' 중국의 것이라고 우김 등.

2) 동북공정의 주요 쟁점 사항의 중국의 주장과 우리의 반박

－고조선사도 중국사, 고구려는 중국에서 발생한 지방정권, 평양 천도 이후도 중국사에 포함된다. 중국 역대 왕조에 신하'로 자처, 고구려 유민들이 한족(漢族)에 융화, 고구려와 수당 간의 70년 전쟁은 내전, 고려·조선은 고구려와 상관없다.

5. 동북공정에 대한 북한, 유네스코, 일본의 입장

1) 북한의 입장 : 소련 붕괴 후 북한으로선 정치적 이념을 같이 하는 유일한 이웃 동지이자 후원자였던 중국이 이 문제의 발단이라는 데 대해 곤혹스런 면을 나타낸다.

2) 유네스코의 입장 : 북한과 중국 유적이 세계문화유산으로 공동 등재되는 것이 합리

적일 것이라는 뜻을 밝혔다.

3) 일본의 입장 : 남북한 유적의 세계문화유산 등록을 위해 지원하고 있지만 고구려
유적의 원래 국적이 어디인가에 대해서는 그다지 심각하게 고민하고 있지 않다.

6. 결론

1) UNESCO 문화재등록 문제 해결이다.
2) 정부의 공식적 명백한 입장 표명이다.
3) 시민들의 자발적 동조와 참여, 즉 고취된 역사적 의식이 필요이다.
4) 시민의 지지를 통한 정부의 지원이다.
5) IT 강국의 이점을 활용하라는 것이다.
6) 다국적 번역을 통한 국제적 홍보이다.
7) 중국의 역사 왜곡을 일본의 역사왜곡과 함께 묶어 대응하는 것이다.
8) '동아시아역사연구센터'를 건립하는 것이다.
9) 북한과의 공동 대응 마련이다.
10) 공동 역사서 집필이다.

— 「학생의 발표 자료」 일부 수정

🔎 이 글에 대한 학생들의 평가는
   1) 요즘 이슈가 되는 내용이기에 관심이 간다.
   2) 서론 - 본론 - 결론이 적절했다.
   3) 주장에 대한 이유가 비교적 타당하다.
   4) 너무 어렵고 전문적인 내용이다.
   5) 발표자는 청취자를 보지 않고 발표만 한다.

🔎 이 글에 대한 필자의 평가는
   1) 역사학회의 개론적 성격의 글이다.
   2) 신문 보도 내용을 소개할 뿐이다. 분석과 비판이 뒤따르지 못했다. 가령 역사 왜곡으로 문화재가 뒤
      바뀌게 되어 관광 자원의 고갈로 외화 수입이 감소하는 문제를 지적하거나 민족의 자존심까지 훼손
      하기 때문에 심각하다는 등의 문제를 지적하지 못했다.
   3) 5번의 1)의 내용과 결론의 7)번과 충돌되는 면이 있기 때문에 구체적인 해결 방향이 제시되지 못한다.
   4) 결론의 9)의 경우도 구체성이 결여되어 있다.
   5) 그리고 결론의 2)과 9), 10)은 중복되는 부분이다. 따라서 결론 부분은 정리할 필요가 있다. 즉 1. 정부
      의 대응 전략 - 6, 7, 9/ 2. 민단 단체 - 3 / 정부와 민간의 합작 - 10 정도로 하면 짜임새가 있다.

중국 동북공정 연구과제 107개중 56개 '한국 관련'

고조선 및 고구려와 발해의 자국 역사 편입을 위해 한반도 고대사를 의도적으로 왜곡하고 있다는 논란을 빚어 온 중국의 동북공정이 실체가 드러났다.

31일 마감을 앞둔 시점에서 동북공정의 연구 과제 107개 중 절반 이상인 56개가 한국과 관련된 것으로 밝혀졌다. 또 역대 한중관계를 제외한 51개 연구과제 중 고구려(48%)와 발해(26%) 관련 과제가 70%를 웃도는 것으로 나타났다.

이는 동북공정을 주도한 중국사회과학원 변강사지연구중심의 리성 주임이 지난해 9월 한국의 비판 여론을 의식해 "동북공정 중 한국관련 주제는 10%도 안 된다."고 주장했던 것보다 다섯 배나 많은 수치이다.

동북아역사재단 이인철 책임연구위원은 25일 해양전략연구소의 ≪스트래티지21≫(2006년 겨울호)에 기고한 중국의 동북공정과 한국의 대응 논문에서 이같이 밝혔다. 이 연구위원은 2002년부터 2005년까지 공개 또는 비공개된 동북공정 연구과제 114개(공문 포함)를 분석했다. 동북공정의 전모가 드러난 것은 이번이 처음이다.

그동안 국내에선 변강사지연구중심이 2002~2004년 인터넷으로 공개했던 40여 개의 세부 과제만 파악했을 뿐, 이들 주제와 관련해 공식 채택된 연구과제의 전모는 파악하지 못했다. 지난 해 9월 동북공정이 다시 국내여론의 표적이 됐던 것은 그중 18개 연구과제의 요약문이 공개된 여파였다.

이 연구위원은 2002년 50개, 2003년 45개, 2004년 7개, 2005년 12개 등 모두 114개의 연구과제와 관련된 정보를 입수해 공문서류를 제외한 107개를 주제, 인물, 소속별로 분석했다.

이에 따르면, 주제별로는 한국고대사(33개), 한중관계(18개), 한반도문제(5개), 동북지방사(27개), 중−러관계(18개), 기타(6개)로 분석됐다. 이 중 한국고대사와 한중관계, 한반도를 포함해 한국사 또는 한반도와 직간접으로 관련된 주제는 52%를 차지했다. 또 97명에 이르는 연구 인력의 소속을 보면 지린(吉林) 헤이룽장(黑龍江) 랴오닝(遼寧)성 등 동북 3성과 베이징(北京) 시 학자들이 대다수인 것으로 조사됐다.

특히 2002년 비공식 위탁 과제 중에는 쉬원지(徐文吉) 지린대 교수의 조선반도 남북통일 진전 및 그것의 중국에 대한 영향 연구가 포함된 것으로 드러났다. 이 과제는 동북공정이 한반도 통일 상황에 대비한 중국 국가 전략 차원의 연구라는 국내 학계의 분석을 뒷받침해 주는 것이다.

최광식 고려대 교수는 "중국 측의 말은 정치와 학문을 분리해야 한다면서도 동북공정을 정치적 목적에서 추진해 왔다는 것이 더욱 명백해졌다."며 "동북공정의 논리가 중국 전역으로 확산되고 있는 만큼 좀 더 심층적 대응을 모색해야 한다."고 말했다.

[참고] 동북공정(東北工程) : 중국이 자국 국경 안에서 일어난 모든 역사를 중국 역사로 만들기 위해 2002년부터 추진해 온 프로젝트. 동북변강역사여현상계열연구공정(東北邊疆歷史與現狀系列研究工程)의 줄임말로 '동북 변경지역의 역사와 현상에 관한 체계적인 연구 과제(공정)'란 의미다.

− ≪동아일보≫, 2007. 1. 26, 권재현 기자(confetti@donga.com)

거위간과 개고기

1. 문제 제기
거위간은 되고 개고기는 왜 안 되나!

2. 외국인의 인식 및 우리에게 미치는 영향
1) 외국의 한국 보신 문화에 대한 인식
   예 ; 프랑스, 캐나다, 미국
2) 우리에게 미치는 영향(문제점)
   부정적 견해 : 국가 이미지 훼손, 국가 관광기회 감소, 기업 경쟁력 약화

3. 인식의 차이와 보신 문화
1) 한국 보신 문화에 대한 견해
   외국인의 부정적 견해 : 개는 반려동물, 동물 보호 관련 단체, 환경파괴, 식량 문제
   　　　　　　　　　　　심화
   한국인의 부정적 견해 : 불교설화, 민간신앙, 한국의 이미지 실추, 근거 없는 맹신
   한국인의 긍정적 견해 : 건강식, 우리 문화의 일부
2) 외국 보신 문화 사례
   "개고기를 먹는 한국인은 야만인이다."
   개고기 먹는 나라 : 프랑스, 중국, 호주
3) 한국 보신 문화의 유래
   농경 사회의 주된 음식
   명칭의 변경
   개가 식용으로 사용된 이유
4) 보신탕의 과학적인 근거
   고서에 나타난 약리적 효과:『본초강목』(1578), 『동의보감』(1613)
   영양학적 보신적 효과
   전문의 소견

4. 인식의 전환
1) 문화의 다양성 인정
   <문화의 다양성과 문화 민주주의를 위하여.>
   문화적 다양성 속에서 다양한 집단, 계급, 민족들이 공존하기 위해서는 자신의 문
   화를 절대적인 것으로 생각하고, 다른 문화를 배제하거나 지배하려는 태도에서 벗어

나야 함.

현실적으로 사회는 다양한 집단들의 다양한 문화가 서로 갈등하는 공간.

문화적 지배는 물질적인 지배를 기반으로 함.

문화가 진정한 다양성 또는 민주주의의 장이 되려면 문화적 불평등을 낳는 경제적, 정치적 조건들도 동시에 평등해져야 할 것임.

2) 발표조의 의견

문화란 한 국가를 구성하고 있는 사람들의 정신적인 가치 체계의 표현, 생활방식 이해의 대상이지 결코 비난의 대상이 아니다.

문화는 변화하지만 강요에 의해서 소멸될 수는 없다.

문화적 편견을 해소하기 위한 적극적인 자세 필요.

책임의식 필요 – 관련 업종 종사자들의 법적 책임 의무 및 위생 의식 철저.

– 「학생의 발표 자료」 일부 수정

1. 찬성 이유 :

_____
_____
_____
_____
_____
_____

2. 반대 이유 :

_____
_____
_____
_____
_____
_____

된장녀 논란

1. 서론
된장은 우리 전통 음식이고 김치와 함께 근현대사를 거치며 서구의 식문화에 대립이고 저항이며, 애증과 굴욕의 세월을 견뎌낸 한민족의 대표적인 먹을거리입니다.

1) 된장녀란 분에 맞지 않는 사치를 하는 여자를 뜻하는 인터넷 신조어. 특히 남성의 부를 기반으로 사치를 일삼는 여성(특히 여대생)을 가리키는 말.
2) 된장녀의 어원
   ① 다음 카페 백인 여인과의 만남에서 유래
   ② 인조이 재팬에서 일본인이 한국인을 공격한데서 유래
   ③ '젠장'이라는 말에서 유래(젠장맞다-된장맞다)
   ④ '똥인지 된장인지 분간을 못한다'에서 유래
3) 된장녀의 하루
   ① 아침에 일어나 유명 배우 광고의 샴푸로 머리 감기
   ② 최신 유행 원피스에 명품 토드 백을 들고 전공 서적 한 권을 겨드랑이에 끼고 집을 나선다.
   ③ 스타벅스에 들러 커피와 도넛을 사먹으며 창 밖을 바라본다.
   ④ 복학생 선배를 꼬셔 패밀리 레스토랑에서 점심을 먹는다.(사진은 필수)
   ⑤ 백화점 명품 코너에서 아이 쇼핑을 한다.-어떻게 명품을 손에 넣을까 연구도 겸한다.
   ⑥ 친구들과 수다떨기-주제는 주로 남자 친구나 결혼 상대자 얘기
   ⑦ 헬스 클럽에서 런닝 머신을 한다.
   ⑧ 집에 돌아와 싸이 월드에 점심 때 먹은 음식을 올린다.

2. 본론

1) 된장녀가 등장하게 된 사회적 배경
   ① 여성의 권리 중장이 강해지고 여권 신당의 사회
   ② 여성 신분의 상승
   ③ 남성들이 선택 당하는 사회
   ④ 남성들의 군복무와 입사시 가산점 폐지에 따른 역차별 시대
2) 된장녀에 대한 다양한 의견과 실체
   ① 생활 방식-된장녀의 구분은 서구식 생활 방식이 아니다. 된장녀는 반드시 다

른 사람에게 피해를 준다.

② 소비 패턴—명품에 대한 소비는 어느 나라에건 존재한다.

③ 사회적 인식—돈장녀는 전체 여성의 일부이고 예전에도 존재했고, 앞으로도 존재할 것이다.

3) 된장녀가 사회에 미친 파장

① 논란은 온라인에서 오프 라인까지 확대

② 패밀리 레스토랑 가면 된장녀라는 인식

③ 일반인도 된장녀 공포

④ 된장녀 이후 여러 가지 신조어 파생—고추된장, 된장남, 된장 아줌마, 머슴남 등.

3. 결론

IMF이후 빈부 격차가 심해지고, 인터넷의 보급으로 수많은 정보들이 공유되면서 된장녀의 소비 스타일에 대한 열등감이 네티즌들 사이에 화대되면서 이슈화.

— 「학생의 발표 자료」 일부 수정

1. 찬성 이유 :

_____

_____

_____

_____

_____

_____

2. 반대 이유 :

_____

_____

_____

_____

_____

_____

NOTE

고등학생을 위한

정상으로 통하는 논술

Ⅲ.
논술의 분석과
답안 쓰기의 방법

1. 문항 분석의 과제

  입시 논술에서는 대략 잡아 1분에 10자 정도를 써야 한다. 가령 150분에 1,500자 내외의 경우 혹은 1,800자를 요구하는 대학이 대부분이다. 문제는 1분에 원고지를 채우는 것이 중요한 것이 아니라 내용 분석과 요구하는 물음에 대한 쓰기이다. 제시문의 경우 학생들이 쉽게 접근하기 어렵다. 대부분 고전(古典)이고, 기껏 교과서나 수업 시간에 한두 번쯤 들었던 내용 혹은 저자와 제목 정도이다.

<2007학년도 대학 정시 논술 논제 및 제시문 출전의 예시>

대학	계열	문항 구성	시험 시간/분량	논제	제시문 제재 및 출전
경희대	인문	문제 1개/ 제시문 6개 (그림 포함)	90분 1,101~1,200자	*주제 : 갈등 유형과 해결 방식의 비판적 분석과 갈등 문제의 해결 방안 *다음 제시문 (가), (나), (다)는 공통된 문제를 다루고 있다. 제시문 (라), (마), (바)를 참조하여 각 제시문 (가), (나), (다)에서 다루고 있는 문제와 해결 방식의 차이점을 분석하고, 현대 사회에서 이와 같은 문제를 해결하는 바람직한 방안을 제시하시오.	(가) 「구약성서」, 『열왕기 상권』 3장 (나) 정일근, 「유배지에서 보내는 정약용의 편지」 (다) 김장호, 「새로운 노사 관계와 총체적 학습 사회」 (라) 순자, 『순자』 (마) 로저 트리그, 『인간의 본성에 관한 10가지 철학적 성찰』 (바) 그림, 『고등학교 공통 사회(상)』
연세대	인문	문제 1개/ 제시문 4개	150분 1,800자 내외	*주제 : 다른 존재(타자)의 마음에 대한 인식의 어려움과, 그 어려움의 극복 가능성 *나 자신이 아닌 다른 존재의 느낌과 생각을 과연 이해할 수 있는가? 아래 제시문들을 비교 분석하여 어떤 어려움들이 있는지 설명하고, 그러한 어려움이 극복될 수 있는지 사회 현실의 예를 들어 논하시오.	(가) 장자, 「추수(秋水)」편 (나) 토머스 네이글,「박쥐의 입장에서 느낀다는 것은 어떠한 것인가?」 (다) 김유정, 『동백꽃』 (라) 폴 처칠랜드, 『물질과 의식』

| 이화여대 | 인문 | 문제 1개/
제시문 4개 | 150분
1,500자 내외 | *주제 : 보편 문명에 대한 이해
*보편 문명에 대한 여러 입장을 담고 있는 제시문들을 비판적으로 검토하고, 이를 바탕으로 보편 문명에 대한 자신의 견해를 오늘날 우리의 상황에 비추어 논술하시오. | (가) 새무얼 헌팅턴, 『문명의 충돌』
(나) D. 부라운, 『나를 운디드니에 묻어 주오』
(다) T. E 로렌스, 『지혜의 일곱 기둥』
(라) 마이클 월저, 『정의로운 전쟁 정의롭지 못한 전쟁』 및 『국가의 도덕적 입장』 발췌 편집 |
| 한양대 | 인문 | 문제 1개/
제시문 4개 | 150분
1,600~1,700자 | *주제 : 인구 변화의 이유와 초래하는 문제점에 대한 해결 방안
*(가)와 (나)를 비교하여 인구 변화의 이유와 그 인구 변화로 발생되는 문제를 분석한 후, (라)를 참고하여 (다)에서 주장하는 (나)의 문제에 대한 해결책을 비판하고 종합적인 대책을 제시하시오. | (가) 「세계적인 인구 증가 현상의 원인과 그 해결 방안과 한계에 대해 설명한 글」
(나) 「우리 나라의 급격한 인구 감소 현상과 그 원인을 설명한 글」
(다) 「우리 나라 인구 감소 현상를 극복하기 위한 출산율 제고 정책을 설명한 글」
(라) 「런던시의 교통 문제 해결에 관한 '런던시 보고서'를 편집한 글」 |

《동아일보》, 2007. 1. 6 일부 인용.

위의 표에서 보듯이 대학 당국에서 출제하는 제시문의 출전을 학생들이 쉽게 접근할 수 없는 것들이 대부분이다. 심지어 고교 교사조차도 본 적이 없는 글들 일 것이다.

여기서 해결할 문제는 ① 발문 유형, ② 제시문 분석, ③ 본론의 구성적 아이디어, ④ 배경 지식 활용과 글쓰기의 원칙들이다. 우선 몇 개 대학의 발문 유형과 그 해결 방안 살펴보자.

대학	발문 유형
경 희 대	1. 제시문의 공통점과 차이점 파악하기 2. 문제 해결(방안) 제시
연 세 대	1. 제시문의 비교 분석 2. 문제 해결(방안) 제시
이화여대	1. 제시문의 비판적 검토 2. 현대 사회에 대한 자신의 견해 제시
한 양 대	1. 제시문의 비교 분석 2. 문제 해결(방안) 제시

발문 유형에서 대개 1. 제시문의 공통점과 차이점 파악하기, 2. 제시문의 비판적 검토, 3. 문제 해결 방안을 묻고 있다. 따라서 제시문의 분석 능력과 문제 해결력을 테스트한다고 할 수 있다. 1의 경우는 비교·대조의 문제인데, 2와 3의 경우는 제시문과 자신의 논점을 연결시키는 문제라고 할 수 있다. 이를 해결하기 위해서는 비교와 대조의 기본 개념과 적용을 알아야 하겠다. 그리고 제시문의 숨은 전제를 끌어내거나 부족한 내용을 찾아내어 이를 실마리로 하여 자신의 견해를 피력하는 것도 한 방법이다.

논술 답안은 첫 번째 문장에서 성패가 갈라지는 만큼 문장의 단순화가 필요하다. 이는 많은 시간을 요구하는 채점관에게 명쾌한 논점을 제시한다는 점에서 긍정적 평가를 받을 수 있다. 이는 제시문에 대한 통찰력과 안목을 평가할 수 있기 때문이다.

입시 논술의 경우는 제시문이 주어진 상태에서 이를 바탕으로 한 물음에 답하는 과정이다.[29] 이럴 경우 우선 제시문 분석이 필요하다. 이 제시문 분석은 반드시 사실적 정보를 파악하는 것이 중요하다. 한 개의 제시문일 경우보다는 여러 개 지문의 분석이 먼저 주어지게 된다. 이럴 경우 다(多) 제시문의 공통성과 차이성을 인식할 필요가 있다.

제시문은 인문 + 인문 / 인문 + 사회 / 인문 + 자연 계열, 또 변형으로써 각각 인문 + 사회 + 자연 계열의 통합도 있다. 그리고 특정 분야를 한정하지 않고 소재나 주제를 자유롭게 제시문으로 구성할 수 있다.

단답형을 요구하는 논술은 당연히 인상적이면서 단문으로 쓰는 것이 좋다. 하지만 세 개 정도의 제시문을 주고, 그 제시문을 통해서 문항에 답하는 경우는 제시문의 분석이 가장 중요하다. 반드시 이 세 개의 제시문에는 ① 하나의 공통적인 메시지를 담고 있다는 점, ② 각각 제시문의 내용이 영역별로 구성된다는 점, ③ 제시문의 내용 분석을 통해 요구하는 답안을 구성해야 한다는 점이 공통점이다. 그렇다면 제시문을 하나의 메시지가 담

---

29) 논술 고사의 역사가 가장 긴 프랑스에서는 대학 입시 자체가 온통 과목별 논술로 이루어져 있다고 해도 과언이 아니다.

긴 텍스트로 보고 이를 분석하는 방법을 모색해야할 것이다. 필자는 제시문을 일종의 독서 행위로 보고, 이를 이해하는 방법을 소개하고자 한다.

∷∷ 생각하기

〔 비교와 대조의 차이를 아는가?

– 비교

_____
_____
_____
_____
_____
_____
_____
_____
_____
_____
_____

– 대조

_____
_____
_____
_____
_____
_____
_____
_____
_____
_____

▌참고

비교와 대조는 둘이나 둘보다 많은 제재를 설명하거나 논증하는 것이다. 비교는 제재 사이의 비슷한 점을 설명하거나 논증하고, 대조는 제재 사이의 다른 점을 설명하거나 논증한다. 한국어의 발음과 영어의 문장 구조는 측면이 다르므로, 비교하거나 대조할 수 없다.(따라서 공통적인 측면인 '기초'를 잡아서 비교나 대조를 해야 한다는 것을 알 수 있다.) …중략… 설명문에서는 비교나 대조가 일반적인 진술을 명료하게 이해시킨다. 논증문에서는 비교나 대조가 결론을 명료하게 증명한다.

— 이대규, 「비교」, 『수사학—독서와 작문의 이론』,

신구문화사, 2003(개정판 2쇄), 212쪽.

* 예 : 홍콩과 싱가포르

기초(항목 설정) : 공통점

지리적 위치 : 반도 끝에 위치한 항구이다.

역사 : 영국의 식민지로 점령되고 항구 도시로 발전하였다.

인종 : 대부분 중국인이다.

주민의 특성 : 검소하고 부지런하며 교육에 관심이 많다.

산업 : 전자 제품 산업, 해운업, 국제 금융업이 발달되어 있다. 등등….

2. 지문 분석의 방법

김영채는 「10장―비판적인 독서」(『생각하는 독서』, 박영사, 2005, 276- 279쪽)에서 ①축어적 이해(literal comprehension) ②추론적 이해(inferential comprehension)로 나누어 설명하고 있다. 축어적 이해는 텍스트에 직접적으로 나타나 있는 외형적 정보를 이해하는 것이고, 추론적 이해는 '추론 해석 능력'이 필요하다고 한다. 추론은 주어져 있는 것을 기초로 하여 빠져 있는(진술되어 있지 아니한) 어떤 아이디어에 도달하는 과정(Dewey, 1933, 95쪽)이라고 정리하고 있다. 이에 대한 구체적인 설명을 인용하면 다음과 같다.

(1) 연결 추론(bridging)은 외현적으로 진술 또는 표시되어 있지 아니한 두 가지 이상의 정보들 간의 관계를 생각해 내는 것을 말한다. 예컨 대 '비가 내리기 시작했기 때문에 철수는 우산을 폈다.'라는 텍스트를 이해하는 것은 축어적 이해라 할 수 있다. 왜냐하면 저자는 '……때문에'라는 단어를 써서 원인―효과의 관계를 외현적으로 진술해 주고 있기 때문이다. 그러나 '비가 내리기 시작했다. 철수는 우산을 폈다.'라는 글을 이해하려면 독자는 이들 두 가지 사이의 인과 관계를 추론하고 '그래서(우산을 폈다)'를 추가할 수 있어야 한다.

(2) 맥락적 또는 정교화 추론(contexual or elaborated)은 독자가 가지고 있는 배경 정보에다 텍스트의 정보를 관련시키거나 또는 저자가 제공하고 있지 아니 한 정보를 자신의 쉐마(지식 구조)에서 메워 넣는 것을 말한다. 예컨대 이야기에는 없더라도 주인공이 어떤 행동을 할 것이며 어떤 기분을 느낄 것인지를 알며, 또는 '초가집'의 실내 가구에는 어떤 것이 있을 지를 짐작하는 것 등이다.

(3) 구조적 추론(structural)은 이해를 하기 위하여 텍스트의 구조에 대하여 알고 있는 바를 적용하는 것이다. 텍스트 구조란 저자가 텍스트에서 내용들을 어떻게 조직화하고 있는지를 말한다. 예컨대 이야기에는 구조/문법이 있고, 이들의 구조는 논설문의 구조 조직과는 다르다.

— 김영채, 「10장 ─ 비판적인 독서」, 278쪽.

(1)의 경우는 흔히 주어진 정보를 이해하는 사실적 이해로 받아들이면 될 것 같고, (2)의 경우는 배경 지식의 활동을 통해 주어진 정보를 풍부하게 해석하는 경우이다. 그리고 (3)의 경우는 텍스트 자체의 성격을 이해하는 것인데, 가령 시는 나름의 구조와 문법이 있듯이 소설도 마찬가지이다. 그리고 각 텍스트의 성격에 따라 글을 구조화하는 것이다.

위의 독서 방법은 대체적인 내용이라 할 수 있다. 텍스트는 크게 인문계 텍스트, 사회계 텍스트, 자연계 텍스트로 나눌 수 있는데, 이에 대한 독서의 방법은 다소 차이가 있다. 이들 텍스트를 읽는 방법을 알아보자. 텍스트는 물리적 현상을 인식 대상으로 하는 자연과학계에 속하는 것과 정신 혹은 의미 현상을 인식 대상으로 하는 정신과학계에 속하는 것으로 분류될 수 있으며, 후자의 경우 사회계 텍스트와 인문계 텍스트로 다시 갈라진다.[1] 이런 텍스트를 읽는 방법은 기본적으로 제시문 이해의 한 길이 된다는 측면에서 알아보자.

자연과학계 텍스트의 서술적 의미를 구성하는 물질적 현상들은 그것들이 직접 혹은 간접적 관찰 대상이기 때문에 비교적 정확히 결정할 수 있다. 가령 물리학에서 사용되는 <분자>, <빛>, <전력> 혹은 물질이라는 개념은 어느 정도까지는 비교적 정확히 결정될 수 있고 따라서 그만큼 분명하다. 이와는 달리 인문계의 텍스트의 의미가 단순히 서술적인 것이 아니라 표현적이며 동시에 처방적 의미를 갖고 있다는 것을 알았을 때도 인

---

1) 박이문, 「인문계 텍스트의 독서론」, 『책, 어떻게 읽은 것인가』, 민음사. 1995, 354쪽.

문계에 속하는 한 텍스트의 전체적인 의미는 말할 것도 없고 그 텍스트 내의 개별적인 문장들의 의미를 정확히 결정하는 것은 쉬운 작업이 아니다.

— 박이문, 「인문계 텍스트의 독서론」, 『책, 어떻게 읽은 것인가』, 민음사, 1995, 364쪽.

위 글은 자연계와 인문계 텍스트의 차이점을 간략하게 제시한 글인데, 이 두 텍스트의 특징에 따라 독서의 방법을 알아보자. 먼저 인문계 텍스트를 읽는 가장 바람직한 태도와 방법에 대한 견해를 인용하면 다음과 같다.

첫째, 텍스트의 의미가 단선적이 아니라 무한히 다양하고 풍부함을 인정하고 그러한 모든 의미를 가능한 모두 찾아야 한다. 그렇게 하기 위해서는 텍스트의 정독(精讀)이 선행되어야 한다. 정독은 모든 상세한 의미를 빠뜨리지 않고 찾아내는 작업을 뜻한다. 한 텍스트의 의미 특히 인문계 텍스트의 의미가 독자의 지적 배경과 상대적 관계를 갖고 있는 이상, 정독에 필요한 조건의 하나는 독자는 자신이 갖고 있는 모든 지식과 경험을 총동원하여 그것에 비추어 텍스트의 의미를 파악해야 한다는 것이다.

둘째, 특히 인문계 텍스트가 다의적이고 절대적으로 명확하며 단 하나의 절대적 독서의 틀이 있을 수 없는 이상, 단 하나의 해석과 그 해석의 절대적 객관성을 고집하지 말아야 한다. 이런 점에서도 인문계 텍스트 특히 문학 텍스트의 독서 행위는 자연계 텍스트의 독서 행위와 다르다. 후자의 경우와 달리 전자의 경우는 한 텍스트의 의미의 <진(眞)>과 <위(僞)>의 양분에 의한 결정적 판단이 설 수 없다. 거기에는 오직 보다 설득력 있고 없고의 개연성만이 논의될 수 있다. 이른바 인문 과학을 인문계 텍스트의 독서 행위 즉 한 텍스트의 의미 해석 행위로 정의할 수 있다면 인문 과학은 엄밀히 말해서 과학적이기보다는 예술적 행위에 속한다.

셋째, 사물 현상이나 경험에 대한 과학적 관점이 분석이며, 분석적인 것은 기계적 법칙에 의한 설명을 목적으로 하고 그러한 설명에서 객관 지식을 찾는다면, 예술적 관점은 종합적이며, 종합적인 것은 유기적 전체성에 의한 이해를 지향하며 그러한 이해를 통해 인식 대상의 가치를 평가 혹은 감상하려 한다. 과학적 텍스트가 전자와 같은 인간의 욕구를 나타내는 것이라면 인문계 텍스트는 후자와 같은 인간의 또 다른 욕구를 표현해 준다. 따라서 과학계 텍스트와 인문계 텍스트를 대하는 독자의 태도는 두 경우 각기 논리적으로 달라야 한다.

— 박이문, 「인문계 텍스트의 독서론」, 앞의 책, 364쪽.

위의 글을 정리하면 텍스트의 정독은 독자의 배경 지식과 함께 중요하다는 것이다. 그리고 자연계와 인문계의 독서 차이를 '진위의 문제와 개연성의 차이'로 보아야 한다는 사실이다. 또 이 두 계열의 접근 방식의 차이를 알아야 한다. 궁극적으로는 인문계의 제시문은 다양한 해석이 가능하다는 전제에서 개연성이 있어야 한다는 사실이다. 자연과학의 올바른 독서 방법에 대해 물리학자의 이야기를 들어보자.

과학 책을 읽어 나가는 사람을 당혹하게 하는 하나의 명백한 어려움은 명시적으로 이해할 수 없는 표현들에 부딪치는 일이다. 어려운 수학적 표현이라든가 이해할 수 없는 생소한 용어 등이 이에 속한다. 그런데 많은 사람들은 이것이 책을 읽음에 있어서의 결정적인 장애가 아님에도 불구하고 이 장벽을 넘어서지 못하고 책을 손에서 놓아버린다. 애석한 일이기는 하나 이것이 아마 과학 책을 손에서 놓아버리는 가장 흔한 사유일 것이다. 그러므로 과학 책을 효과적으로 읽어 나가기 위해서는 역시 이를 가볍게 뛰어 넘는 지혜가 필요하다. 이러한 경우 이 표현의 앞과 뒤를 살펴 전체적인 이해를 먼저 추구한 후 이 표현이 의미하리라고 생각되는 어떤 것을 잠정적으로 추정하고 넘어 가는 것이 한 가지 대처 방법이다.

— 장회익, 「책읽기의 기술─자연과학」, 앞의 책, 389쪽.

문맥을 통해서 '이해할 수 없는 생소한 용어'들을 이해하는 것은 자연과학 뿐만 아니라 타 영역도 마찬가지이다. 과학에 대한 표현의 경우, ① 과학 원리(예 : 만유인력의 설명) ② 과학적 상상력의 글쓰기(어떤 이야기와 시나리오에다 과학과 관련된 모티브나 과학에 대한 일정한 관심을 담아서 아직 오지 아니한 미래를 말하는 꾸며낸 이야기) ③ 과학 에세이(과학자의 눈으로 우리 주변의 삶과 이 세계를 심층적으로 분석하고 이해하고자 하는 글) 등이 포함된다.[2] 이 세 가지 성격의 제시문이 나와 자연 과학적 지식이 부족할 경우 '가볍게 뛰어넘는 지혜'가 필요하다. 다음 글을 통해 자연 과학의 성격을 파악해 보자.

엔트로피의 용어는 1868년 독일의 물리학자인 클라우지우스에 의해 최초로 창안되었다. 그러나 그에 관련되는 기본 원리는 이보다 41년 앞서 프랑스의 장교인 카르노에 의해 이미 인식되고 있었다. 카르노는 증기 기관이 작동하는 원리를 이해하려는 연구에 중요한 결과를 얻었던 것이다. 그는 전체 계(system)의 한 부분이 매우 뜨겁고 또 다른 부분은 매우 차갑기 때문에 엔진이 작동한다는 것을 발견하였다. 다시 말하면, 에너지가 일로 변환하려면 반드시 에너지 농도의 차이(즉 온도의 차이)가 있는 부분들이 계에 존재해야 한다는 것이다.

높은 농도로부터 낮은 농도로 에너지가 옮겨 갈 때(즉 높은 온도로부터 낮은 온도로) 일이 발생한다. 더욱 중요한 점은 에너지가 온도의 차이에 따라 옮겨 갈 때마다 다음 번에 사용 가능한 에너지 양이 줄어든다는 사실이었다. 댐 위의 물이 호수로 떨어지는경우를 예로 들어보자. 물이 높은 곳에서 아래로 떨어지는 동안 물은 전기를 일으키거나 수차를 돌리거나 또는 다른 종류의 일을 할 수 있다. 그러나 일단 바닥에 떨어져 버린 물은 더 이상 일을 수행할 수 없다. 바닥의 물은 아주 작은 물레방아조차도 돌릴 수 없다. 이들 두 상태를 가리켜 각각 '사용 가능한 에너지(available energy)' 그리고 '사용 불가능한 에너지'(unavailable energy)의 상태라고 부르기도 한다.

그러므로 엔트로피 증가는 이러한 사용 가능한 에너지의 감소를 뜻한다. 자연계에서 무슨 일이 일어날 때마다 얼마간의 에너지는 앞으로는 사용 불가능한 에너지로 끝이 난다. 이런 사용 불가능한 에너지가 바로 공해에 해당된다. 사람들은 대부분 공해는 생산물에 대한 부산물이라고 생각한다. 실제로 환경오염이라는 것은 사용 불가능한 에너지 형태로 변환된 사용 가능한 에너지의 총량이다. 따라서 쓰레기는 분산된 에너지이다. 열역학 제1법칙에 의하면 에너지는 창조되거나 소멸될 수 없고, 다만 그 형태가 바뀔 수 있을 뿐이다. 그리고 열역학 제2법칙에 의하면 자연계에서 에너지는 분산된 상태로의 한 방향으로만 변환이 가능하다. 따라서 환경 오염은 엔트로피에 대한 또 다른 이름이다. 즉, 그것은 현재 사용 불가능한 에너지에 대한 척도이다.

'엔트로피'라는 용어를 창안해 낸 클라우지우스에게로 다시 화제를 돌리자. 그는 닫힌 계에서 에너지 준위의 차이는 그 차이가 없어지는 방향으로 변화를 일으킨다는 사실을 알아냈다. 난롯불에서 부젓가락을 꺼내 본 적이 있는 사람이면 누구나 클라우지우스가 법칙으로 만들었던 사실을 경험하게 된다.

---

2) 고려대학교출판부, 『자연과학과 글쓰기』, 2005, 166-215쪽.

빨갛고 뜨거운 부젓가락을 공기 중에 놓아두면 주위의 공기는 따뜻해지면서 부젓가락은 식어 간다. 그 이유는 열이 뜨거운 곳으로부터 찬 곳으로 흐르기 때문이다. 충분한 시간이 경과한 다음 부젓가락과 그 주위의 공기는 같은 온도에 이르렀음을 보게 된다. 이러한 상태를 '평형 상태'라고 한다. 이 상태는 에너지 준위에서 차이남이 없는 상태이다. 식어버린 부젓가락은, 물이 평평한 데 있는 경우와 마찬가지로 더 이상 유용한 일을 할 수 없는 상태이다. 이런 에너지가 바로 구속 에너지, 즉 사용 불가능한 에너지이다. 그렇다고 물을 다시 댐 위로 퍼올려서 떨어뜨릴 수 없다거나 식은 부젓가락을 다시 가열 할 수 없다거나 하는 뜻은 아니다. 다만 그렇게 하는 경우에는 그 과정에서 새로운 자유 에너지, 즉 사용 가능한 에너지가 사용되어야만 한다.

평행 상태는 엔트로피가 최대에 이른 상태로서, 일을 더 할 수 있는 자유 에너지가 더 이상 없는 상태 이다. 클라우지우스는 "세계에서 엔트로피(사용 불가능한 에너지 양)는 항상 최대가 되려고 한다."고 결론 지움으로써 열역학 제2법칙의 내용을 한 구절로 요약하였다.

— 제레미 리프킨 / 김명자·김건 옮김, 「제2장 엔트로피 법칙」, 『엔트로피』, 동아출판사, 1995, 48-50쪽.

물리학 법칙을 설명한 글로써 독자들이 쉽게 접근할 수 있도록 하였다. 문제는 '열역학 제1법칙'에 대한 언급이 지극히 짧음으로 해서 생긴 이해 력의 부족이다. 물론 '엔트로피'만 국한하여 이해한다면 별 문제는 없지 만, 자연스럽게 '제1법칙'에 대한 궁금증이 생기게 마련이다. 앞뒤의 문맥 을 통해서 '제1법칙'을 이해해야만 한다. 다음 글은 '제1법칙'의 참고 내 용이다.

제1법칙은 에너지의 보존 법칙이다. 에너지는 형태가 변할 수 있을 뿐이지 만들어지거나 없어지거나 할 수는 없다. 유명한 화학 평론가인 아시모프는 아주 간단한 예를 들었다.

일정량의 열을 일로 바꾼다고 상상해 보라. 그 때 열은 소멸된 것이 아니라 다른 장소로 이동하였거나 또는 다른 형태의 에너지로 변환되었음을 따름이다.

좀더 구체적으로 자동차 엔진을 생각해보자. 소모된 휘발유의 화학 에너지는 '가솔린 엔진이 한 일과 거기에서 발생된 열과 그리고 배기 가스의 에너지를 합한 것'과 같다.

다시 강조하면 무엇보다도 중요한 점은 우리는 어떠한 경우에도 절대로 에너지를 만들어 낼 수 없다는 사실이다. 아무도 에너지를 창조해 낸 적이 없으며, 또한 앞으로도 절대 만들어 내지는 못한다. 우리가 할 수 있는 유일한 가능성은 에너지를 한 형태로부터 다른 형태로 변환시키는 일이다. 모든 사물이 에너지를 포함하고 있음을 상기할 때 이러한 변환은 당연한 것이다. 물질의 형태와 모양 그리고 움직임 등은 에너지의 농도나 변화 등의 다양한 실체화에 불과하다.

— 제레미 리프킨 / 김명자·김건 옮김, 「제2장 엔트로피 법칙」, 앞의 책, 47쪽.

논술의 제시문들은 동·서양 고전들이며, 이 고전들 가운데 현실문제와 교과의 관련성에 초점을 두고 있다. 그렇기 때문에 동·서양 고전에 대한 탐독, 현실 문제에 대한 이해, 교과의 학습 등이 논술 답안 작성에 중요한 요소들이다. 꾸준한 독서와 신문·방송을 통한 현안 문제의 접근[3]이 필요하다. 물론 교과의 학습은 기본이다. 이 세 박자를 어느 정도 갖추느냐가 논술의 관건이다. 그리고 논술에서 대체로 다루는 주제의 범주[4]를 알아두면 관련 도서 및 현안 문제, 그리고 교과의 연계성도 파악하면서 논술 준비를 할 수 있을 것이다.

---

3) 실제 대학 논술의 제시문이 신문 기사가 나오는 경우가 있다. 신문의 속성이 현안 문제의 취재와 보도, 논평 등이기 때문에 이를 통한 논술의 이해에 도움이 되는 것이다. 따라서 신문 기사의 구조(최재완, 『신문, 좋은 문장 나쁜 문장』, 커뮤니케이션북스, 2006, 40쪽)를 이해하는 것도 필요하다.
4) 진형준, 「논술의 기본적인 주제들」, 『논술비법』, 살림, 2006(3쇄), 154-173쪽.

상위 범위	하위 범위
① 인간에 대한 기본 성찰이 담긴 주제	ㄱ. 인간은 과연 이성적인 존재인가 ㄴ. 다원주의의 의미 ㄷ. 진리와 도덕과 아름다움 중에 무엇이 우선하는가 ㄹ. 자유와 평등과 책임 ㅁ. 인간의 진정한 행복이란 무엇인가 ㅂ. 진정으로 용기 있는 행동이란 무엇인가 ㅅ. 독창적인 인간이란 어떤 인간인가 ㅇ. 청소년기의 의미 ㅈ. 남성과 여성의 성차별에 관한 문제 ㅊ. 노인문제 : 늙음의 의미 ㅋ. 교육이란 무엇인가
② 인간이 사회적 동물이라는 관점에서 제기되는 주제	ㄱ. 인간 사회는 과연 만인의 만인에 대한 투쟁인가 ㄴ. 역사는 과연 발전하는가 : 인류의 미래, 진보와 보수의 관계 ㄷ. 민주주의 사회의 의미 : 정의로운 사회와 관용적 사회 ㄹ. 사회의 정의에 대하여 ㅁ. 진정한 의미에서의 비판 정신이란 무엇인가 ㅂ. 문화상대주의와 민족주체성 ㅅ. 사회의 필요악에 대한 문제
③ 인간이 인간을 둘러싸고 있는 환경과의 관련성을 문제 삼는 주제	ㄱ. 과학은 과연 자연 정복의 결과로 발전해 왔는가 ㄴ. 과학은 가치 중립적인가 ㄷ. 환경 운동은 어떻게 전개되어야 하는가 ㄹ. 과학과 철학과 종교, 과학과 비과학 ㅁ. 첨단 과학, 어디까지 왔나
④ 현대사회의 변화와 관련되는 주제	ㄱ. 정보화 시대의 의미와 문제 ㄴ. 불확실한 미래 ㄷ. 여가와 현대 사회 ㄹ. 영상 시대와 책의 의미 ㅁ. 현대와 인간 관계

지난 몇 년 동안의 대학 입시 논제들은 위의 정리한 범주를 크게 벗어나지 않았다. 논제의 범주는 벗어나지 않았지만 제시문은 각각 달리 제시되었다. 따라서 이런 범주를 중심으로 관련 도서, 관련 교과 학습이 필요하다. 그러면 제시문의 분석에 실제적인 도움이 될 것이다.

⬐ 인문, 사회, 자연 영역의 글의 특징은?

_____

_____

_____

_____

_____

_____

_____

_____

_____

_____

_____

_____

_____

_____

_____

_____

_____

_____

_____

_____

_____

_____

_____

_____

통합교과형 논술 예시 문제(울산)

가) 서울시 보건환경연구원이 한여름에 서울시내 다섯 곳의 가로수 밑에서 매미 소리를 측정했다. 측정 장소는 자동차가 거의 다니지 않는 도로변으로, 높이 10m 이상의 가로수가 10그루 이상 늘어선 곳을 골랐다. 주변에 큰 숲이 있는 장소는 제외했다.

그 결과 강남 지역인 잠실, 반포와 여의도에서 소리가 크게, 강북인 마포, 종로에선 작게 나왔다. 잠실에서 87.6dB이 측정됐다.

데시벨(dB)이라는 소음 단위가 갖는 특성상 20.8dB이라는 차이는 단순히 몇 십% 수준의 차이가 아니다. 서울시 보건환경연구원 측은 "80dB이 꽤 시끄러운 대도시의 소음이라면 60dB은 일반 사무실 수준"이라고 그 차이를 설명했다. 실제로 60dB의 소음을 내는 기계 옆에 같은 기계를 갖다놓고 작동시켜도 전체 소음은 3dB밖에 올라가지 않는다.

강북에 비해 강남에 매미가 많이 살아 그런 결과가 나온 걸까. 그렇지 않다. 해답은 매미 종류에서 찾을 수 있다. 극성스러운 매미가 강남지역 가로수를 점령했기 때문이다. 20여년간 매미를 연구해온 서울대 농생대 객원연구원 이영준(45) 박사의 분석이다.

"전체 조사를 하지 않아 정확한 수치를 들이대며 말할 수는 없지만 잠실, 반포 가로수에 사는 10마리 중 적어도 6,7마리는 말매미다. 광화문, 종묘, 수유동 등에서는 상대적으로 조용한 참매미 쓰름매미가 많이 관찰된다."

말매미는 다른 매미보다 몸집과 울음소리가 다소 크다. 하지만 한 마리가 울면 주변의 다른 놈들도 경쟁적으로 따라 우는 습성 때문에 극성스러운 매미로 통한다. 참매미는 "맴 맴 맴"하고 울지만 말매는 사이렌 소리를 내 같은 소음이라도 거칠게 느껴진다.

그럼, 말매미가 강남에 많이 사는 이유는 무엇일까.

1970년대 강남이 한창 개발될 때는 어떤 매미도 살 수 없었다. 개발 이후 가로수를 심었는데 다른 종보다 환경에 잘 적응하는 말매미가 먼저 도착한 것이다. 이 매미는 동남아에서 북한까지 분포할 만큼 생명력이 강한 종이다. 이들이 왕성하게 번식하면서 다른 종이 발을 붙이기 어려워진 것이다. 당시 강남에 심은 가로수가 대부분 양버즘나무(플라타너스)였던 점도 작용했다. 말매미는 양버즘나무나 버드나무 같은 활엽수의 수액을 매우 좋아하기 때문이다. 강북에는 은행나무, 소나무, 벚나무 등도 섞여 있다.

"반포 지역 가로수(양버즘나무) 한 그루에 100마리의 말매미가 붙어 있는 장면을 촬영한 적이 있다. 말매미는 강남지역 아파트 단지같이 더운 저지대에서 잘 살아남는 것 같다."

자연 다큐멘터리 작가로 최근 단행본 '매미, 지난 여름에 무슨 일이 있었는가'를 낸 박성호씨의 증언이다.

많은 곤충이 사라지고 있는 서울 같은 대도시에서 매미가 번성할 수 있었던 것은 아이러니하게도 환경오염 '덕분'이다. 수질, 대기 오염으로 천적인 조류는 급격히 줄어들었다. 반면, 매미는 일생의 대부분을 땅속에서 보내기 때문에 이런 환경에서 잘 견딜 수 있다. 시골에선 살포된 농약이 매미를 위협하지만 대도시에선 농지가 거의 없어 그럴 염려도 없다.

도시 매미가 시골 매미보다 훨씬 더 우렁차게 운다는 속설도 있다. 차량 소음 등이 심한 환경에 적응하기 위해 울음소리를 키웠다는 주장이다. 일종의 환경적응 이론이다. 하지만 이를 뒷받침할 연구 결과는 아직 없다. 이영준 박사는 "수컷 매미들은 암컷을 끌기 위해 도시에서나 시골에서나 어디서든 최선을 다해 운다"고 했다.

가) 제시문의 추가 내용

강남 지역의 말매미의 분포비가 80%이고, 강북지역의 말매미의 분포비는 20%이다.
강남과 강북의 매미의 밀집도(단위 면적당 분포수)는 600배가 강남이 높았다.
말매미 한 마리의 소리의 에너지는 참매미 두 마리의 소리의 에너지와 같다.

가) 제시문의 참고 내용

소리는 공기 압력의 요동, 또는 공기 밀도의 요동이라고 할 수 있는데 사람이 감지할 수 있는 가장 작은 크기의 공기 압력의 요동 범위를 가청 문턱(the threshold of audibility)이라하는데 약 10억분의 1기압 정도이다. 반면에 통증 때문에 계속 들을 수 없을 정도의 소리가 날 때를 통증 문턱(the threshold of pain)이라고 하는데 이때 공기 압력의 요동 범위는 약 1/1,000기압 정도이다. 소리 에너지의 크기는 이 압력 요동 범위의 제곱에 비례하고 그 크기는 dB(desibell)로 표시한다.

사람이 듣는 일상적인 소리의 크기를 dB로 표시해 보면 다음과 같다.

소음원의 종류	소리의 세기	느낌
제트기 이륙(60m 떨어진 곳에서)	120dB	견디기 힘들다
공사장 소음, 헤비메탈 연주회	110dB	
고함(1.5m에서)	100dB	시끄럽다
대형 트럭(15m에서),굴착기(1m)	90dB	
대도시 거리 소음	80dB	꽤 시끄럽다
자동차 실내 소음	70dB	
보통 대화(1m떨어져서)	60dB	보통
교실, 사무실	50dB	
조용한 거실	40dB	조용하다
밤중의 침실	30dB	고요하다
방송국 스튜디오	20dB	
나뭇잎 스치는 소리	10dB	겨우 무엇인가 들린다
들을 수 이쓴 가장 작은 소리	0dB	

나) 1998년도에 런던정경대학(LSE)이라는 곳에서 어느 나라가 가장 행복한가 조사를 한 바 있는데 그 당시에 방글라데시, 아제르바이잔, 나이지리아가 1,2,3위를 차지했다고 합니다.

그 후에 영국의 심리학자 로스웰(Rothwell)과 인생상담사 코언(Cohen)이 만들어 2002년 발표한 행복공식(즉, 행복지수)에서도 1위를 방글라데시가 차지했다고 합니다. 가난한 나라들이 행복지수에서 상위권에 속하는 이유를 경제학자 레이야드는 두 가지 요인으로 보았습니다.

첫째는 사람들이 너무 쉽게 더 좋은 여건에 적응해 버린다는 사실!!(부채만 있을 때는 선풍기가 아쉬웠는데, 선풍기가 생기니 이번에는 에어컨이 없으면 불만이 생기게 됨)

두 번째는 상대적 소득수준!!(하버드 학생들을 대상으로 설문 조사한 결과, 남들이 2만달러 받을 때 5만달러 받는 것이, 남들이 20만달러 받을 때 10만달러 받는 것보다 더 좋다는 대답이 대부분이었다.)

이렇게 해서 소득 수준이나 경제적 제도가 후진국인 방글라데시 등의 국가의 행복 지수가 더 높게 나온 것이죠. 로스웰과 코언이 행복하기 위한 방법을 제시했는데 아래의 내용들입니다.

첫째, 가족과 친구 그리고 자신에게 시간을 쏟아라.

둘째, 흥미와 취미를 추구하라.

셋째, 밀접한 대인관계를 맺어라.

넷째, 새로운 사람들을 만나고, 기존의 틀에서 벗어나라.

다섯째, 현재에 몰두하고 과거나 미래에 집착하지 말라.

여섯째, 운동하고 휴식하라.

일곱째, 항상 최선을 다하되 가능한 목표를 가져라.

― ≪문화일보≫, 2006.

다) 어떤 손(客)이 나에게 이런 말을 했다.

"어제 저녁엔 아주 처참한 광경을 보았습니다. 어떤 불량한 사람이 큰 몽둥이로 돌아다니는 개를 쳐서 죽이는데, 보기에도 너무 참혹하여 실로 마음이 아파서 견딜 수가 없었습니다. 그래서 이제부터는 맹세코 개나 돼지의 고기를 먹지 않기로 했습니다."

이 말을 듣고, 나는 이렇게 대답했다.

"어떤 사람이 불이 이글이글하는 화로를 끼고 앉아서 이를 잡아서 그 불 속에 넣어 태워 죽이는 것을 보고, 나는 마음이 아파서 다시는 이를 잡지 않기로 맹세했습니다."

손이 실망하는 표정으로,

"이는 미물이 아닙니까? 나는 덩그렇고 크고 육중한 짐승이 죽는 것을 보고 불쌍히 여겨서 한 말인데, 당신은 구태여, (하찮은)이를 예로 들어서 대꾸하니, 이는 필연코 나를 놀리는 것이 아닙니까?" 하고 대들었다.

나는 좀 구체적으로 설명할 필요를 느꼈다.

"무릇 피(血)와 기운(氣)이 있는 것은 사람으로부터 소 , 말, 돼지, 양, 벌레, 개미에 이르기까지 모두가 한결같이 살기를 원하고 죽기를 싫어하는 것입니다. 어찌 큰 놈만 죽기를 싫어하고, 작은 놈만 죽기를 좋아하겠습니까? 그런 즉, 개와 이의 죽음은 같은 것입니다. 그래서 예를 들어서 큰 놈과 작은 놈을 적절히 대조한 것이지, 당신을 놀리기 위해서 한 말은 아닙니다. 당신이 내 말을 믿지 못하겠으면 당신의 열 손가락을 깨물어 보십시오. 엄지손가락만이 아프고 그 나머지는 아프지 않습니까? 한 몸에 붙어 있는 큰 지절과 작은 부분이 골고루 피와 고기가 있으니, 그 아픔은 같은 것이 아니겠습니까? 당신은 물러가서 눈 감고 고요히 생각해 보십시오. 그리하여 달팽이의 뿔을 쇠뿔과 같이 보고, 메추리를 대붕(大鵬)과 동일시하도록 해 보십시오. 연후에 나는 당신과 도를 이야기하겠습니다." 라고 했다.

ㅡ 「슬견설」, [동국이상국집(東國李相國集)] ㅡ국정교과서 국어

문항 1. 가)를 통해 강남이 강북보다 소리의 세기가 20db 차이가 남을 설명하시오(20점)

(출제의도)
- 제시문 이해
  제시문 속에서 매미의 비율과 개체빈도수를 통해 단위면적당 개체수 비를 구한다.
  말매미와 참매미의 상대적 소리의 세기비를 구한다.
  단순한 비와 log함수의 사칙연산을 이용해서 소리의 세기의 차이를 구한다.

(풀이)
강남 지역의 말매미와 참매미의 개체수 비ㅡ 80 : 20
강북 지역의 말매미와 참매미의 개체수 비ㅡ 20 : 80

강남과 강북의 매미의 밀집도가 600배를 비로 구한다.

	말매미(마리)	참매미(마리)
강남	2400	600
강북	1	4

<강남과 강북의 매미의 숫자 비>

말매미 한 마리의 소리의 세기와 참매미 두 마리의 소리와 같다.

	말매미(마리)	참매미(마리)	합계
강남	4800	600	5400
강북	2	4	6

<강남과 강북의 소리의 에너지의 비>

[소음의 세기 계산]

$$10\log \frac{P_{강남}}{P_0} - 10\log \frac{P_{강북}}{P_0} \text{ (제시문 지문 이용)}$$

$$10\log \frac{P_{강남}}{P_{강북}} \text{ (제시문 지문 이용)}$$

$$10\log \frac{5400}{6} \text{ (표에서 구한 숫자를 이용하여 계산)}$$

$10\log 9 = 20 \times 0.954$ (상용로그표를 이용하여 계산)
약 20db 차이가 난다.

문항 2. 가)를 근거로 나), 다)에서 제시한 삶의 조건을 요약하고, 자신이 생각한 행복
　　　　의 조건이 위 의 제시문과 다르다면 그 근거를 800자로 논술하시오.(80점)

(출제 의도)
1. 가) 제시문과 연계성 문제 : 매미와 소음의 세기 문제입니다. 따라서 이에 해당하
　　는 두 개의 지문을 선정했음.
2. 교과서와 연계성 : 입시 논술의 방향성이 교과서와 관련성이 높아진다는 전제에서
　　출발했음.
3. 인간과의 문제 : 인간 중심주의라기보다는 현실적 삶의 문제로 접근한다는 점에서
　　사회 지문을 선택했음.
4. 출제의 고민 : 나) 지문의 경우, 만화로 요약된 것이 있는데, 이는 논제를 제시하는
　　데 명쾌하다는 장점이 있지만, 학생들의 가독성을 염두에 두고 제시문 선택함.

5. 문제 방향 확장 : (1) 말매미 적응 제시문을 볼 때, 환경 오염으로 접근.

                      (2) 강남과 강북의 계층 문제로 인식해서 접근 가능하다. 즉 물리적 인위적 주거 조건이 최상위인 강남지역과 강북 지역이 환경오염(말매미가 많이 삶은 환경오염과 관계가 있음은 제시문)과 관계가 있다. 그렇다면 과연 인위적 주거 조건과 자연적 조건을 차이가 있음을 착안할 수도 있음.

6. 문제 영역 : 제시문 분석(분석력) → 자신의 생각을 통해 표현력과 창의적 표현을 유도할 수도 있음.

* 위의 문항은 서울시 교육청 연수원에서 울산 교사들이 공동으로 만든 논술 문제입니다.

3. 답안 구성의 실제

다음은 2007학년도 연세대학교 정시 논술(인문) 문제이다. 필자는 이 문제에 대해서 다음과 같은 답안을 구성하였다. 즉 논제 분석 → 제시문 이해 → 제시문 분석 → 제시문 답안 작성 순으로 하였다.

<문제>

나 자신이 아닌 다른 존재의 느낌과 생각을 과연 이해할 수 있는가? 아래 제시문들을 비교 분석하여 어떤 어려움들이 있는지 설명하고, 그러한 어려움이 극복될 수 있는지 사회현실의 예를 들어 논하시오. (150분 / 1,800자 내외)

(가) 장자가 혜자와 함께 호수(濠水)의 징검돌 근처에서 노닐고 있었다. 장자가 말했다. "피라미가 한가롭게 헤엄치고 있소. 이게 물고기의 즐거움이오." 혜자가 말했다. "당신이 물고기가 아닌데 어떻게 물고기가 즐겁다는 것을 안다는 말이오?" 장자가 말했다. "당신은 내가 아닌데 어떻게 내가 물고기가 즐겁다는 것을 알지 못한다는 것을 안다는 말이오?" 혜자가 말했다. "나는 당신이 아니니까 물론 당신을 알지 못하오. 당신은 물고기가 아니니까 물고기를 알지 못한다는 것이 확실하다는 말이오." 장자가 말했다. "자, 처음으로 돌아가 봅시다. 당신은 '당신이 어떻게 물고기가 즐겁다는 것을 안다는 말이오?'라고 했지만, 그것은 이미 내가 안다는 것을 알고서 그렇게 물은 것이오. 나도 호수(濠水)가에서 물고기가 즐겁다는 것을 알았던 것이오."

　　　　　　　　　　　　　　　　　　　　　　　— 『장자(莊子)』 추수(秋水) 편

(나) 우리는 박쥐들이 주로 음파 반향 탐지를 통해, 즉 미묘하게 변조시킨 초음파를 보내서 대상으로부터 반사되어 오는 것을 탐지함으로써 외부세계를 지각한다고 알고 있다. 박쥐의 두뇌는 송출된 파동을 그 반향과 상관시키도록 설계되어 있다. 그렇게 얻은 정보를 가지고 박쥐는 거리, 크기,

모양, 운동, 표면 조직들을 우리가 시각을 가지고 하는 것에 비견될 만큼 정밀하게 분간해 낼 수 있다. 그러나 박쥐의 음파 반향 탐지는 분명히 지각의 한 형태이기는 하지만, 우리가 가진 그 어떤 감각과도 비슷하게 작동하지 않는다. 따라서 그것이 우리들 인간이 경험하거나 상상할 수 있는 어떤 것과도 주관적 느낌의 측면에서 유사하리라고 생각할 이유가 없다. 바로 이러한 점이 박쥐의 입장에서 느낀다는 것이 어떠한지를 알기 어렵게 만드는 것으로 보인다. […]

우리 상상의 기본적 재료는 우리 자신의 경험이기에 이러한 상상은 제한되어 있다. 내 팔에 날개가 달려 있어서 저녁과 새벽에 날아다니며 입으로는 벌레를 잡아먹고, 시력은 형편없이 나쁘지만 초음파 신호를 통해 주위 환경을 지각하고, 또 낮에는 다락방에 거꾸로 매달려 지낸다고 상상한들 그것은 박쥐의 느낌을 이해하는 데 아무런 도움이 되지 않는다. 내가 이런 상상을 한다면 (이것은 그리 어렵지 않은 상상인데), 이는 단지 내가 한 마리의 박쥐처럼 행동한다는 것이 어떠한 것인가를 알려줄 뿐이다. 그러나 문제는 이것이 아니다. 내가 알고 싶은 바는 박쥐가 박쥐의 입장에서 느끼는 것이 어떠할까 하는 것이다. 그러나 내가 갖고 있는 정신적 자원들은 제한되어 있고 그 자원들만으로는 이러한 상상을 하기 어렵다. 나는 현재의 내 경험에 무엇을 더 보태거나 빼면서 상상하거나 또는 더하고 빼고 고치기를 여러 번 반복해 보아도 박쥐의 느낌을 알 수 없다.

　　　　　－ 토마스 네이글, 「박쥐의 입장에서 느낀다는 것은 어떠한 것인가?」

(다) 점순네 수탉(은 대강이가 크고 똑 오소리같이 실팍하게 생긴 놈)이 덩저리 적은 우리 수탉을 함부로 해내는 것이다. 그것도 그냥 해내는 것이 아니라 푸드득, 하고 면두를 쪼고 물러섰다가 좀 사이를 두고 또 푸드득, 하고 모가지를 쪼았다, 이렇게 멋을 부려가며 여지없이 닦아놓는다. […]

이번에도 점순이가 쌈을 붙여 놨을 것이다. 바짝바짝 내 기를 올리느라고 그랬음에 틀림없을 것이다.

고놈의 계집애가 요새로 들어서서 왜 나를 못 먹겠다고 그렇게 아르릉거리는지 모른다.

나흘 전 감자 쪼간만 하더라도 나는 저에게 조금도 잘못한 것은 없다.

계집애가 나물을 캐러 가면 갔지 남 울타리 엮는데 쌩이질을 하는 것은 다 뭐냐. 그것도 발소리를 죽여가지고 등 뒤로 살며시 와서,

"애! 너 혼자만 일하니?"

하고 긴치 않은 수작을 하는 것이다. […]

잔소리를 두루 늘어놓다가 남이 들을까봐 손으로 입을 틀어막고는 그 속에서 깔깔댄다. 별로 우스울 것도 없는데 날씨가 풀리더니 이놈의 계집애가 미쳤나 하고 의심하였다. 게다가 조금 뒤에는 즈 집께를 할금할금 돌아다보더니 행주치마의 속으로 꼈던 바른손을 뽑아서 나의 턱밑으로 불쑥 내미는 것이다. 언제 구웠는지 아직도 더운 김이 홱 끼치는 굵은 감자 세 개가 손에 뿌듯이 쥐였다.

"느 집인 이거 없지."

하고 생색 있는 큰소리를 하고는 제가 준 것을 남이 알면은 큰일 날 테니 여기서 얼른 먹어버리란다. 그리고 또 하는 소리가,

"너 봄 감자가 맛있단다."

"난 감자 안 먹는다, 니나 먹어라."

나는 고개도 돌리려지 않고 일하던 손으로 그 감자를 도로 어깨 너머로 쑥 밀어버렸다.

그랬더니 그래도 가는 기색이 없고 뿐만 아니라 쌔근쌔근 하고 심상치 않게 숨소리가 점점 거칠어진다. 이건 또 뭐야, 싶어서 그때에야 비로소 돌아다보니 나는 참으로 놀랐다. 우리가 이 동리에 들어온 것은 근 삼 년째 되어 오지만 여지껏 가무잡잡한 점순이의 얼굴이 이렇게까지 홍당무처럼 새빨개진 법이 없었다. 게다 눈에 독을 올리고 한참 나를 요렇게 쏘아보더니 나중에는 눈물까지 어리는 것이 아니냐. 그리고 바구니를 다시 집어 들더니 이를 꼭 악물고는 엎더질 듯 자빠질 듯 논둑으로 힁하게 달아나는 것이다.

— 김유정, 「동백꽃」

(라) 우리는 보통 다른 존재의 행동(언어적 행동까지 포함해서)을 관찰함으로써, 그 존재가 의식을 가지고 있고 생각을 하는 존재라는—즉 또 다른 마음을 가진 존재라는—판정을 내린다. 우리는 신체의 상해와 신음 소리에서 고통을 추론하고, 미소와 웃음에서 기쁨을 추론하며, 날아오는 눈덩이를 피하는 행동에서 지각이 있음을 추론한다. 그리고 환경을 복합적이고 적절하게 이용하는 것을 보고 욕구와 의도와 믿음이 있음을 추론한다. 또한 우리는 위에서 언급한 행동들과 언어 발화로부터 그 존재의 의식적 지능을 추론하는 것이다.

그러나 "위에서 언급한 추론들이 어떻게 정당화되는가" 하는 질문을 던지게 되면, 문제점이 드러나기 시작한다. 특정한 유형의 행동으로부터 특정한 유형의 심리 상태를 추론한다는 것은, A라는 유형의 행동과 B라는 유형의 심리 상태 사이에 일반적인 연결 관계가 있다고 가정하는 것이다. 그런 심리/행동의 일반화는 "천둥 소리가 들린다면, 근처 어딘가에서 번개가 친 것이다"와 같은 경험적 일반화와 동일한 형식을 취하고 있다. 아마도 그런 일반화는 현상들 사이의 규칙적 연결 관계에 대한 과거 경험을 통해 정당될 것이다. […]

그러나 심리/행동을 일반화하는 경우, 우리가 관찰할 수 있는 것은 고작 연결 관계의 한쪽, 즉 행동밖에는 없다. 그렇다면 그 일반화가 다른 존재들에 대해서도 적용될 수 있다는 우리의 믿음을 어떻게 정당화할 수 있는가? 만약 어떤 존재가 일정한 심리 상태에 있다고 한다면, 그 존재의 심리 상태는 오직 자기 자신에 의해서만 직접적으로 관찰될 수 있다. 우리는 그의 심리 상태를 관찰할 수 없다. 따라서 우리는 일반화에 필요한 경험적 증거를 모을 수가 없다. 그렇다면 우리가 그런 심리/행동의 일반화를 믿는 것은 정당화될 수 없다. 그러므로 다른 존재의 행동을 보고 그가 어떤 심리 상태에 있다고 추론하는 것은 정당화될 수 없다. 나는 나 자신을 제외한 어떠한 다른 존재에 대해서도 그 존재가 어떤 심리 상태에 있다는 믿음을 정당화시킬 수 없는 것이다.

— 폴 처칠랜드, 『물질과 의식』

연세대학교는 대체로 인간 혹은 존재의 근원에 대한 문제를 많이 출제해 왔다. 2007학년도에도 역시 이러한 제시문과 크게 달라지지 않았다.

1단계 : 요구하는 답안 작성을 위한 질문을 분석해 보면 ① 다른 존재의 느낌과 생각의 이해를 묻고, ② 제시문(가, 나, 다, 라)의 비교 분석 ③ 다른 존재의 느낌을 이해할 수 있는 방안을 예를 들어 논하는 것이다. 텍스트 지문 분석─문맥을 정교화하는 작업이 필요하고, 설명의 방법 가운데 비교와 대조의 방법으로 접근하고, 사회 현상을 관찰한 바를 접목해서 자신의 생각을 드러내는 것이다. 즉 다음과 같이 정리할 수 있다.

단계	1단계	2단계	3단계	4단계
적용	논제 분석	정보 이해	정보 분석	정보 처리
활동	항목별 설정	제시문 이해	제시문 분석	대안 제시
구체적 설명	대략 2-3가지 질문으로 요약함	제시문의 주제, 내용 파악	문제에 접근해서 답안 작성에 필요한 논리 찾기 및 지문 분석	문제에 접근해서 대안 제시

2단계 : 가)는 자신의 이해를 바탕으로 타인의 이해를 묻는 형식으로, 자신은 이미 직관으로 알고 있음을 언급한 일화를 소개한 글이다. 이는 동양의 직관적 세계관을 언급한 것으로 존재의 동질성 여부를 묻는 문제이다. 나)에서는 박쥐라는 동물은 사물을 이해하는 방법으로 감각기관이라는 것이 있는데, 이를 인간은 이해할 수 없다는 것이다. 다)는 점순이의 일방적 감정을 '나'가 이해할 수 있는지의 여부는 매우 불분명한 상태라고 볼 수 있다. 라)는 존재의 행동은 보편화시킬 수 있지만 개별화할 수는 없다는 주장이다. 여기서 한 가지 중요한 것은 답안을 쓸 수 있는 방향을 잡는 제시문이 있다는 점이다. 위의 제시문 가운데 라)의 경우가 이에 해당한다. 왜냐하면 타인 존재를 인식할 수도 있고 그렇지 않을 수도 있다는 것을 보여 주고 있는데, 이는 나머지 세 개의 제시문이 각기 갖고 있는 내용과 동일하기 때문이다.

3단계 : 따라서 존재의 이해 정도를 정리해 보면 가)는 완전 이해하지 못하는 상황이고, 나)는 동물은 이해하나 인간은 이해하지 못하는 상황이다. 다)는 중간 지대로 볼 수 있고, 라)는 가능하나 한계가 있음을 언급하고 있다.

<키 컨셉과 공통 주제>

가) 장자, 혜자의 대화	나) 박쥐 이야기
앎의 방법(현상 파악의 방법)	
다) 점순이와 나의 애정	라) 인간 행동과 심리

4단계 : 인간과 동물은 직관과 감각의 차이가 있다는 점을 착안할 수 있다. 그리고 라)는 성급한 일반화의 오류를 범할 수 있다는 점을 생각할 수 있다. 이를 근거로 하여 나름대로 대안을 제시하면 다음과 같다. 감각 기관을 가진 동물의 경우는 지속적인 관찰을 통해서 하나의 법칙(보편화)으로 설명할 수 있다는 것이다. 당연히 이 지속적인 관찰이 전제된다면 이의 문제는 해결할 수 있다. 현대 사회가 갈등을 항상 내포하고 있다는 점에서 이 문제의 실마리를 풀 수 있을 것이다. 가령 노동자와 사용자 사이는 자신의 집단의 행동과 의사를 요구 조건으로 내걸기 때문에 이들을 이해할 수 있다. 인간의 이해를 생각이나 느낌으로 파악할 수 있지만 이를 해결할 수 없는 딜레마에 빠진다. 왜냐하면 노동자들이 파업을 결정할 때 모두가 찬성하지 않기 때문에 집단의 의사를 알 뿐, 개인의 의사를 정확하게 파악하지 못하는 단점이 있기 때문이다.

5단계(답안 예시) : 자신을 안다는 것은 어려운 일이다. 더구나 다른 존재의 느낌과 생각을 이해한다는 것은 더욱 어려운 일이다. 그런데 가)는 자신의 이해를 바탕으로 타인의 이해를 묻는 형식으로, 자신은 이미 직관으로 알고 있음을 일화를 보여주고 있다. 이는 동양의 직관적 세계관을 언급한 것으로 존재의 동질성 여부를 묻는 문제이다. 이에 반해 나)에서는 박쥐라는 동물은 사물을 이해하는 방법으로 감각기관이라는 것이 있는데, 인간은 감각 기관이 없기 때문에 이를 이해할 수 없다는 것이다. 다)는 점순이의 일방적 감정을 '나'가 이해할 수 있는지의 여부를 감정과 행동을 통해 짐작하도록 하기 때문에 점순의 감정이 불분명한 상태라고 볼 수 있다. 라)는 존재의 행동은 보편화시킬 수 있지만 개별화할 수는 없다는 주장이다. 따라서 존재의 이해 정도를 정리해 보면 가)는 존재를 이해하지 못하는 상황이고, 나)는 동물은 이해하나 인간은 이해하지 못하는 상황이다. 다)는 중간 지대로 볼 수 있고, 라)는 가능하나 한계가 있음을 언급하고 있다.

제시문의 경우는 인간과 동물은 직관과 감각의 차이가 있다는 점을 설명한 글이다. 그리고 라)는 성급한 일반화의 오류를 범할 수 있다는 점을 생각할 수 있다. 이를 근거로 하여 어려움을 지적할 수 있다. 동물의 경우는 감각 기관을 가진 동물의 경우는 지속적인 관찰을 통해서 하나의 법칙(보편화)으로 설명할 수 있다. 당연히 이 지속적인 관찰이 전제된다면 이의 문제는 해결할 수 있다. 이는 동물의 세계에서는 가능하나 다변적이고 감정적이며 행동의 변화가 다양하게 나타나는 인간의 경우는 다르다.

현대 사회가 갈등을 항상 내포하고 있다는 점에서 이 문제의 실마리를 풀 수 있을 것이다. 가령 노동자와 사용자 사이는 자신의 집단의 행동과 의사를 요구 조건으로 내걸기 때문에 이들을 이해할 수 있다. 인간의 이해를 생각이나 느낌을 파악할 수 있지만 이를 해결할 수 없는 딜레마에 빠진다. 왜냐하면 노동자들이 파업을 결정할 때 모두가 찬성하지 않기 때문에 집단의 의사를 알 뿐 개인의 의사를 정확하게 파악하지 못하는 단점이 있기 때문이다. 그렇기 때문에 개별 의식을 어떻게 파악할 수 있는지는 여전히 문제라고 할 수 있겠다.

가)의 경우는 보는 관점에 따라 다양하게 해석될 여지가 많다. 그렇기 때문에 주관식과 객관식의 차이를 볼 수 있는 것이다. 객관식 문제의 획일화의 보완으로 논술이라는 주관적 인식을 바탕하는 문제가 있는 것이다. 논술은 주어진 문제에 따라 자신의 생각을 논리 정연하게 펼치는 것인데 반해 수능의 객관식은 제시문에 대한 주제 혹은 내용 이해의 가능성을 논점별로 정리해서 이 논점 가운데 한 개의 답을 요구하는 형태이다. 예를 들어 설명하면 다음과 같다.

구별	입시 논술	수능 문제
차이	논제에 대한 풀이를 전제와 논거를 통해 학생 스스로 주장함.	제시문에 대한 풀이 과정을 출제자가 제시하여 선택지를 만듦.
발문 형식	* 가), 나), 다) … 등과 같이 몇 개의 제시문.	① 나는 이 우화의 서술 시점을 바꿔 보겠어. 갈대를 서술자로 만들어, 갈대가 직접 사건을 진술하여 자신의 삶의 태도를 드러내도록 해야지. ② 나는 이 우화를 다른 관점으로 해석해 보겠어. 비판적인 관점에서 갈대를 평가하여, 강한 힘 앞에서 쉽게 굴복하는 나약한 존재로 나타낼 거야. ③ 나는 이 우화를 현실 상황에 적용해 보겠어. 자신의 주제를 내세우며 교만하게 살아가는 인물과 유연한 자세로 순응하며 살아가는 인물을 찾아, 이야기를 꾸며 볼 거야. ④ 나는 이 우화의 장면을 구체적으로 서술해 보겠어. 참나무와 갈대가 삶의 방식을 놓고 대화하는 장면을 설정하고, 거센 바람이 불어 닥치는 장면도 자세히 묘사할 거야. ⑤ 나는 이 우화의 주제를 강조하기 위해 이야기를 추가해 보겠어. 부러진 참나무가 튼튼한 건축재로 거듭난다는 이야기를 보태어, 참나무가 지닌 삶의 방식에 가치를 부여해 봐야지. **(2005학년도 수능 11번 문제)**
답안 작성	주장= 전제 + 논거	선택지 가운데 한 개
측정	학생의 이해력, 판단력, 사고력 등을 물을 수 있다.	출제자가 지문을 통해 사고한 내용을 다섯 가지로 먼저 제시하여 학생의 이해력과 판단력을 물을 수 있다.

위의 표 오른쪽 문항과 관련한 문제를 보면 다음과 같다.

11. <보기>의 우화를 바꿔 쓰기 위해 토의해 보았다. 사고 방향에 따른 바꿔 쓰기의 내용으로 적절하지 <u>않은</u> 것은?(3점)

<보기> 참나무가 갈대에게 힘자랑을 하고 있었다. 허약하고 바람에 쉽게 굽힌다는 참나무의 놀림에 갈대는 그저 고개만 숙이고 있었다. 그때 거센 바람이 불어 닥쳤다. 갈대는 이리저리 흔들리면서 바람을 이겨 냈지만, 제 힘만 믿고 바람에 맞서 버티던 참나무는 결국 부러지고 말았다.
— 『이솝 우화』

위의 수능 문제에서 보듯이 이미 우화에서 접근할 수 있는 방향과 사고를 출제자가 선택지로 제시하고 있다.5) 이는 논술에서 학생이 사고하

---

5) 수능 시험에는 주어진 글의 성격을 묻거나 주제를 묻는 문제가 언제나 출제된다. 때로는 '위의 글쓴이가 궁극적으로 주장하는 바는 무엇인가?' 라는 질문을 던져 주제를 묻기도 한다. 그 경우 문제의 정답을 지은이의 주장으로 생각하고, 그 주장에 대해 여러 분의 견해를 밝히는 글을 쓰면 더없이 좋은 논술 공부가 된다. (중략) 즉

고 판단하여 문제를 해결하는 것과 다름을 알 수 있다.

대학 논술 문제는 먼저 제시문을 주고, 그 제시문으로부터 정보를 파악하고 그 정보를 바탕으로 하여 수험생이 자신의 생각을 글로 펼치는 것이다. 이미 문제는 주어져 있기 때문에 '구성적 아이디어'[6]를 찾는데 신경을 쓰면 된다. 이런 구성적 아이디어를 찾는 입시 논술의 형태는 대략 몇 가지로 나눌 수 있다.[7] 즉 테마의 개념 바꾸어 보기, 문제에 대한 원인과 해결책 강구하기, 어떤 개념이나 주장 비판하기, 비판한 주장에 대해 대안 찾기 등이 그것이다. 이런 구성적 아이디어를 찾기 이전에 먼저 해야 할 일이 바로 제시문 분석이다. 제시문의 분석에 따라 구성적 아이디어를 가지고 실제 쓰기를 하는 것이다.

요즘 손수제작물(UCC · User Created Contents)에 대한 논란이 뜨겁다. 다음은 이러한 논란에 대한 문제점을 지적하고, 해결책을 강구한 내용이다.

가)

2004년 미국 대통령 선거 초반에 민주당의 경선주자 중 가장 유력한 후보로 주목을 받았던 사람은 하워드 딘이었다. 그는 조지 W 부시 대통령의 이라크 전쟁을 강력하게 비판하면서 한때 여론조사에서 선두를 달렸다.

다른 후보와 비교해 하워드 딘의 독특한 선거운동 방법은 인터넷이었다. 그는 인터넷 사이트를 활용해 대선자금을 모금하고 전국에 흩어져 있는 지지자를 하나로 묶었다. 선거운동 과정에서 하워드 딘의 캠프는 2년 전 한국의 대선을 주목했다. 세계에서 가장 과학적인 선거운동 방법을 주도했던 미국에서 '노사모'를 포함한 한국형 인터넷 선거 전략을 분석하고 응용했던 것이다.

지난 16대 대선에서 인터넷과 휴대전화가 절대적인 위력을 발휘한 것은 분명하다. 투표 하루 전날 정몽준 씨의 노무현 후보 지지 철회 선언으로 모든 상황이 예측 불허로 돌변했는데, 진보적 성향의 인터넷 언론과 휴대전화 문자 메시지를 통한 젊은 층 사이의 투표 독려가 노 후보를 대통령에 당선시킨 일등공신이었으니 미국의 후보가 관심을 보인 것은 당연했다.

수능 시험의 지문들로 논술 훈련을 하면 논술에 출제될 주제 훈련도 될 수 있다(진형준, 「수능 언어 영역의 지문과 문제를 활용하라」, 126-127쪽).

6) 정희모 · 이재성 지음, 「관습적 해석에 저항하라」, 『글쓰기 전략』, 들녘, 2005, 65쪽.

7) 정희모, 위의 책, 65쪽.

이번 대선에서도 인터넷과 휴대전화는 가장 중요한 홍보 수단이 될 것으로 보인다. 과거처럼 대규모 집회나 불법적인 선거운동이 발붙일 수 없는 풍토가 정착됐기 때문에 이들 매체를 활용한 선거운동의 비중은 더욱 높아졌다.

특히 주목을 받는 대상은 동영상이나 사진을 일반인이 직접 만들어 인터넷에 올리는 손수제작물(UCC·User Created Contents)이라는 새로운 형태의 콘텐츠다. 지난해 미국 중간선거 때 여러 지역에서 당락에 영향을 미칠 만큼 UCC는 새로운 사회적 소통 아이콘으로 등장했다.

한국에서도 요즘 인터넷에선 유력한 대선 후보와 관련된 UCC가 인기를 끌고 있다. 급기야 중앙선거관리위원회는 인터넷 포털 사이트 운영자에게 이들 UCC의 삭제를 요구했다. 또 미성년자의 선거 관련 UCC 제작 및 게시를 금지하고 성인의 경우도 법정 선거운동 기간에만 허용한다는 방침을 밝혔다.

UCC는 선거 분위기가 가열될수록 뜨거운 쟁점이 될 가능성이 높다는 점에서 이에 대해 미리 원칙을 밝힌 중앙선관위의 처지를 이해하지 못하는 바는 아니다. 누군가가 UCC의 내용을 악의적으로 조작하고, 소위 네거티브 선거 전략으로 이용한다면 예상치 못한 상황이 생길 수 있다.

그럼에도 불구하고 사회 구성원 사이에 소통의 장으로 자리 잡은 인터넷 공간을 막으려는 섣부른 시도를 하다가는 득보다 실이 많을 수 있으므로 신중히 해야 한다. 시사주간지 타임이 2006년 올해의 인물로 특정한 사람이 아니라 'You'라고 적힌 컴퓨터 화면을 선정할 정도로 누리꾼은 블로그나 UCC를 통해 복잡하게 얽힌 네트워크 구조 속에서 영향력을 키워 가고 있는 상황인데, UCC의 유통을 막겠다는 건 현실을 모르는 발상이다.

이미 인터넷의 다른 공간을 이용해 유력 후보자 간의 상호 비방이 거세지는 상황에서 경제적 문화적으로 많은 함의를 갖는 UCC만 규제하려고 든다면 웃음거리만 될 뿐 실효를 거두기 어렵다.

오히려 이번 대선을 건전한 선거 문화를 공고히 하는 계기로 삼으려면 UCC 게시를 무조건 금지하지 말고 선거법에 저촉되는 사례를 제시함으로써 누리꾼의 절제된 참여를 이끄는 방법이 바람직하다.

그런 의미에서 누리꾼 역시 이번 선거 기간을 좀 더 성숙하고 자율적인 인터넷 문화를 만드는 계기로 삼아야 한다. 어느 연예인의 자살을 놓고 누리꾼의 '악플'에 의한 타살이라는 극단적인 표현이 나올 정도로, 인터넷에서의 무책임한 행위는 부메랑이 되어 누리꾼 스스로를 옭아맬 수 있다.

— 성동규(중앙대 교수·신문방송학과), 「UCC선거 이젠 현실이다」, 《동아일보》, 2007. 1. 24.

⬦ 형식적 오류와 비형식적 오류에 대해서 알아보자.

_____

_____

_____

_____

_____

_____

_____

_____

_____

_____

_____

_____

_____

_____

_____

_____

_____

_____

_____

_____

_____

_____

_____

다음 〈서울대 제2회 논리·논술 경시 대회〉의 제시문과 학생 답안, 그리고 채점 위원들의 강평은 논술의 실제에 관한 몇 가지 생각을 얻을 수 있다는 점에서 읽어 볼 가치가 있다.8)

〈. 다음 제시문의 요지를 200자 이내로 쓰고, 글쓴이의 주장에 대한 자신의 생각을 제목을 붙여 2, 800자 정도(띄어쓰기 포함±200자 허용)로 논술하시오.

▌제시문

오랫동안 지식인은 진리와 정의를 주관하는 자로서 발언하였으며, 그 권위를 인정받아 왔다. 사람들은 보편적 진리의 대변인으로서 지식인에게 귀기울였다. 지식인은 모든 사람의 의식과 양심의 지표로 간주되었다. 그로나 지식인은 이제 더 이상 이러한 역할을 할 것을 요구받지 않는다. 지식은인 '보편', '모범', '모든 이들을 위한 진리와 정의'의 자격으로서가 아니라, 그들의 직업적인 근로 조건 또는 삶이 조건이 처한 구체적인 장에서 일하는 거에 익숙해졌다. 이를 통하여 그들은 더욱 생생한 현실 의식을 얻게 되었고, 구체적이고 '비보편적인' 문제들에 직면하게 되었다. 따라서 그들은 가족, 주택, 보건, 남녀 관계 등의 실질적인 일상 생활에 얽혀 있는 문제들에 관여하지 않을 수 없게 되었다.

이제 우리는 지식인의 기능을 제고해야 할 단계에 이른 듯 하다. 위대한 '보편적' 지식인에 대한 향수를 가진 이들이 아직 남아 있다 할지라도, 지식인의 기능은 재정의 될 필여가 있는 것이다. 오늘날의 '구체적' 지식인이 핵 과학자. 유전 공학자. 자료 처리 전문가. 약물학자 등의 신분으로서 싫든 좋든 받아들이지 않을 수 없는 정치적 책임이 중대함에 따라서 그들이 역할 또한 더욱 중요하게 된다고 할 수 있다. 구체적 지식인이 특수 영역에 맺게 되는 권력 관계를 두고 그것이 전문가들만의 소관사일 뿐, 일반 대중의 이해와는 무관하다는 구실 아래 그들을 정치적으로 과소평가하는 것은 아주 위험한 일이다. 또 이들 지식인이 개인적 이데올로기를 퍼뜨린다는 구실로 그들을 비난하기도 하

---

8) 제시문에 대한 시각을 제시한 글도 제시문 이해의 방향성을 잡는데 도움이 된다는 점에서 유의해서 읽을 가치가 있다. 이러한 방향성은 주관식과 객관식이 차이를 인식할 수 있고, 이러한 몇 가지 방향성을 객관식화 할 수 있다는 것이다. 이 제시문에 대한 몇 가지 예시를 인용(일교시 논술컨텐츠 개발팀 엮음, 『대입 논술 기출 문제 모음집』, 99쪽)하면 다음과 같다.
예시1) "오늘날 지식인은 보편적 진리의 대변인이라기보다는 정치적 권력 관계에 놓인 '구체적' 지식인의 성격을 갖는다. 그리고 지식인이 추구하는 진리 자체는 권력 밖에 존재하지 않으며 '일반적 정치 체계' 안에서 이루어지기 때문에 '정치경제학적' 특징을 갖는다. 따라서 오늘날의 지식인은 사회의 구조 및 기능과 밀접하게 연관된 진리 체제 안에서 작업하고 싸우는 존재라 할 수 있다."

는데, 지식인이 항상 그러한 것은 아니며, 사실 그들이 이데올로기를 퍼뜨리려 하는 경우에도 진정한 담론의 효과라는 근본적인 것에 비하면 부차적인 것일 뿐이다.

여기서 중요한 것은 진리란 권력 밖에 존재하는 것도, 진리에서 권력이 배제되는 것도 아니라는 점이다. 지리는 세상에 속한 것이다. 진리는 여러 제약 조건들을 통하여 생산된다. 각 사회는 그 나름의 진리 체제, '일반적 정치 체계'를 갖는다. 각 사회가 은연중에 받아들이는 담론의 방식, 참된 진술과 거짓 진술을 구분하는 기제(機制, 메커니즘)와 사례들, 진리를 얻기 위하여 공인된 기술과 절차들, 무엇이 진리로 간주되는가를 말하는 책임을 지위 등이 이런 정치 체계를 구성한다.

우리 사회에서 보이는 진리의 '정치경제학'은 다섯 가지 중요한 특징을 갖는다. 진리는 과학적 담론의 형식과 그 형식을 생산하는 제도에 맞추어져 있다. 정치적 권력과 경제적 생산을 위해 진리가 요구된다는 점에서 진리는 지속적인 정치적, 경제적 동기에 의해 성립한다. 진리는 사회 전체 내에 널리 퍼져 있는 다양한 형식을 통해 대규모로 확산되고 소비되는 대상이다. 진리는 대학, 군대, 출판, 대중 매체 등 몇몇 거대한 정치적이고 경제적인 장치들의 지배 아래서 생산되고 전파된다. 마지막으로, 진리는 전반적인 정치적 논쟁과 사회적 갈등의 결말을 판가름하는 관건이다.

요컨대, 진리 체제는 우리 사회의 구조 기능과 본질적으로 연관되어 있으며, 지식인은 이 가운데서 작업하고 싸우는 존재다.

— 미셸 푸코의 「지식인의 정치적 기능(The Political Function of the Intellectual)」
에서 발췌 번역 편집.

▌학생 답안 : 대상 수상작 – 안혜성, 신목고등학교

1. 요지 : 현대의 구체적 지식인들은 정치·경제적 권력 관계에서 자유로울 수 없다. 그들의 구체적 진리들이 막강한 정치·경제적 권력을 행사할 뿐 아니라, 그 진리의 성립이 정치·경제적 권력 기제에 의해 이루어지기 때문이다. 따라서 오늘날의 지식인들은 사회 권력 구조와 본질적으로 연관된 진리 체제 가운데에서 작업하는 존재이며 막대한 정치적 책임을 지닌다.

2. 제목 : 지식과 권력의 관계를 바탕으로 본 현대 지식인의 역할

3. 논술 : 일찍이 플라톤은 보편적 진리의 존재를 '이데아'로 상정했다. 이데아는 초월적 세계에 존재하는 순수한 본질 그 자체이다. 기본적으로 플라톤은 보편적 진리를 현실 세계와는 동떨어진 피안에서 찾으려 했던 것이다. 이러한 플라톤의 진리관은 오랫동안 확고한 믿음으로 존재해 왔다. 상아탑의 존재 등이 이를 잘 말해준다. 사람들은, 진리 탐구란 세속적 권력과는 무관한 순수한 활동이라 여겼던 것이다.

그러나 진리란, 어디까지나 사회와의 연관 속에서 성립된다. 즉, 인간 사회의 진리는 사회적 상황과 그 속에서 살아가는 인간에 대한 진리로서, 이는 필연적으로 사회와 관련을 맺을 수밖에 없다. 더구나 진리가 인간에 의해 사회적으로 수용된다는 점을 고려해 본다면 인간의 진리란 '선택되고 수용'된 것이다. 지식인들은 분명 보편적 진리 탐구를 추구하지만 그 활동 자체가 사회 속에서 이루어지기 때문에 플라톤이 말한 이데아적 순수성은 애초에 보장받기 어렵다.

　　진리와 권력의 필연적 관계는 바로 여기에서 발생한다. 진리가 사회에 의해 '선택되고 수용'되는 지식 체계라면, 그 선택과 수용의 주체는 사회 전체를 지배하는 정치·경제적 권력 구조이다. 참·거짓을 구분하고 참으로 채택된 지식 체계에 신빙성이 가해지는 과정에서 정치·경제력 권력 구조이다. 참·거짓을 구분하고 참으로 채택된 지식 체계에 신빙성이 가해지는 과정에서 정치·경제적 권력의 개입을 무시할 수 없다. 토마스 쿤의 패러다임 이론에 이 같은 '진리 성립에 있어서의 권력 개입'이 잘 드러나 있다. 자연에 대한 가장 객관적 지식 체계라 믿어지는 자연 과학적 진리의 성립 과정에도 과학자 사회의 권력 기제가 작용한다는 것이다. 이는 진리가 성립되기 위해서는 사회 권력의 동의와 인정이 있어야 함을 보여준다.

　　그러나 진리가 권력 기제에 의해 성립된다 해서 진리가 반드시 권력에 종속되는 것은 아니다. 왜냐하면 진리 자체가 이미 사회 속에서 엄청난 정치·경제적 특권을 행사할 수 있기 때문이다. 특히, 지식·정보 사회로 변해가면서 진리의 정치·경제적 영향력은 더욱 막대해 지고 있다. 사회가 전문화, 분업화되면서 진리의 영향 범위는 축소되고 있을지 모르나, 그것은 여전히 사회적 갈등의 해결과 정치적 논쟁의 결말을 판가름한다. 즉, 본질적으로 지식은 권력의 기제 속에서 선택되기는 하지만 권력에 완전히 종속되지는 않는다.

　　이렇게 본다면 권력과 진리는 상호 밀접한 관련을 지니고 있다. 이는 진리의 본질적 속성에서 빚어진 불가피한 결과로서 둘의 관련성 자체를 부인하는 것은 바람직하지 않다. 그러나 이러한 관계가 현실적으로 왜곡되는 것을 방관하는 것도 바람직하지 않다. 즉, 현실 사회에서는 진리와 권력의 관계가 왜곡되어 진리가 특정 권력 강화에 기여하는 경우가 발생하는데 이는 마땅히 경계되어야 한다. 권력은 흔히 진리와 비진리의 구분을 통해 자신의 정치·경제적 힘을 증대시키려고 한다. 그래서 주류 이론과 비주류 이론, 진리와 비진리를 철저히 구분하여 주류 이론과 진리를 통해 사회를 획일적으로 운영하려고 한다. 일례로, 중세엔 교회 세력이 기독교적 사상을 지배 진리를 수단으로 마녀 사냥 등을 벌이며 권력 강화에 힘썼다. 또한 푸코에 따르면, 근대 사회를 지배해온 이성중심주의 병자, 광인 등의 약자를 분리시키며 기존의 권력 강화에 기여했다. 이 같은 권력에 의한 지식의 수단화는 경계되어야 한다.

　　그렇다면 권력과 진리의 관계를 올바르게 정립하기 위한 노력이 필요하다. 그리고 이러한 노력은 지식인에 의해 선구적으로 전개되어야 한다. 권력 관계 속에서 직접 진리를 연구하는 존재가 지식인이기 때문이다. 현대의 지식인들은 우선 권력 관계로부터 자신이 자유로울 수 없는 현실을 직시해야 한다. 아무리 자신이 순수한 의도로 진리를 탐구하고 이를 실생활에 적용하려 한다 할지라도 그 의도는 이미 권력과의 관계 속에 그릇되게 이용될 수 있다. 따라서 지식과 권력의 메커니즘에 대한 이해가 가장 우선적으로 요청된다.

이러한 이해를 확고히 한 뒤에는 권력과의 긴장 관계 속에 자신의 진리와 지식의 활용에 대해 강한 책임 의식을 지녀야 한다. 특히, 전문 영역으로 학문 체계가 분화되어 있는 현실 세계에서는 지식인의 책임의식이 약화될 수 있다. 지식인이 사회 전반에 걸쳐 폭넓은 안목과 비판 의식을 갖기 어렵기 때문이다. 따라서 지식인들은 사회 전반의 권력 기제가 작동하는 원리를 인식하고, 자신의 진리가 수단화되는지 비판적으로 감시하며, 지식의 최종적 사용 결과에 대해 고민해야 한다. 맨해튼의 원자탄 프로젝트가 그에 참여했던 지식인의 의도와 무관하게 권력의 수단으로 사용되었다해도, 지식인들은 분명 그에 대해 책임이 있다.

마지막으로 지식인들은 지식의 수단화를 막기 위해 권력과 투쟁할 수도 있어야 한다. '실천하는 지성'이 요구된다는 것이다. 특히 개별화되고 파편화된 현대 사회에서 지식인들은 거대 권력에 대한 실천적 행동을 포기하기 쉽다. 또 지식의 권력화를 통해 그 자신이 권력 속에 안주하기도 쉽다. 이를 막기 위해선 지식인들 간의 연대와 대중과의 연대, 언론을 통한 활발한 비판 활동이 요구된다.

지식과 권력의 연관성은 부정할 수 없는 현실이다. 그러나 지식이 플라톤의 이데아적인 순수성을 지킬 수 없다는 현실을 빌미로, 진리가 지녀야 할 최소한의 순수성은 진리에 대한 지식인들 스스로의 믿음에서 비롯된다. 그것이 현실에서 사용되는 과정에서 권력의 수단으로 전락한다면 그것은 이미 진리가 아니다. 따라서 지식인들은 권력과 자신의 관계를 올바르게 인식해야 한다. 그리고 이를 바탕으로 자기 자신의 진정한 가치 발현을 위해 책임 의식과 실천 의식을 지녀야 할 것이다.

– 일교시 논술컨텐츠 개발팀 엮음, 『대입 논술 기출 문제 모음집』, 97-103쪽.

위 제시문에 대해 교수들은 "과거의 보편적 진리가 권력과는 무관한 순수한 활동으로 여겨졌던 것이 사실은 그렇지 않았으며, 오늘날은 진리가 현실과 더욱 밀접하게 관련되어 성립함을 주장하는 글의 전개가 제시문을 잘 이해하고 있음을 웅변하고 있다. 특히 플라톤의 '이데아' 개념을 예로 들어 글을 시작하고, 전개부에서 토마스 쿤과 푸코를 인용하여 자신의 논지에 설득력을 부여한 솜씨는 글쓴이의 독서량을 뽐내면서 고등학생으로서는 수준급이라 할만하다. 즉 글쓴이는 제시문을 제대로 이해하고 이를 바탕으로 적절한 예를 들어가며 자기 나름의 논지를 설득력있게 개진하고 있다."고 강평했다. 여기서 논술과 관련해서 몇 가지 읽을 수 있는 것은 제시문의 올바른 이해를 전제하고 있다는 사실이다. 여기에다 독서량과 논지 전개의 합리성을 읽을 수 있다.

『 다음의 제시문 가)의 「UCC선거 이젠 현실이다」(p.133)와 나)의 공통점을 찾
   고, 자율적 노력과 법률적 제한 가운데 한 입장에서 자신의 견해를 밝히시오.

나)

"말 한마디가 얼마나 처참한 결과를 빚는지…. 아무 생각 없이 악플 올린 분들, 사죄
해야 합니다."(ID uiop2128)

"남의 고통을 자신의 쾌락으로 느끼며 안 보이는 곳이라고 함부로 말하는 게 추하게
느껴집니다."(ID sin33331)

21일 스물여섯의 나이에 스스로 세상을 떠난 유니(본명 허윤)가 인터넷 악플(惡과
reply를 합친 조어·악성 댓글)로 마음고생이 심했다는 게 알려지면서 누리꾼들 사이에
서 그릇된 댓글 문화에 대한 비판이 일고 있다.

유니는 TV에서 노출이 심한 의상이나 선정적인 춤을 선보였고, 일부 누리꾼은 '얼굴
좀 봐, 안 고친 곳이 없다'는 등 악플을 올렸다. 그는 2005년 미니홈피에 "악플로 제가
상처받는답니다. 제 개인적인 곳이니 욕설은 피해 주세요"라고 호소하기도 했다.

교통사고로 10일 사망한 개그우먼 고 김형은 씨의 미니홈피에도 '해서는 안 될' 댓글
이 붙기도 했고, 하리수는 22일 자신을 지속적으로 비방한 악플러 이모 씨를 명예훼손
으로 형사고소했다.

누리꾼들은 악플이 장난의 수준을 넘어 인터넷의 익명성에 숨어 기생하는 사회 병폐
로 확대됐다고 말한다. 이번 사건을 계기로 '사이버테러 신고를 강화하자'는 목소리가
커지는 것도 이 때문이다. 연세대 심리학과 황상민 교수는 "사이버 공간은 개인에게 안
방 같은 사적 공간처럼 느껴지기 때문에 악플은 누구에게나 일어날 수 있는 돌발 행위"
라며 인터넷 공간의 위험에 대해 경고했다.

물론 누리꾼들이 악플에 대해 '비판 운동'을 벌인 사례도 있다. 김형은 씨에 대해 문
제의 댓글을 올린 이는 누리꾼들의 추적으로 드러났다. 네이버의 한 관계자는 "인터넷
실명제를 반대하며 누리꾼들의 자율성을 보장해야 한다는 의견이 많았는데 이번 사건
때문에 이는 옹색한 주장이 돼 버렸다"고 말했다.

올해 7월부터 '정보통신망 이용 촉진 및 정보보호 등에 관한 법률' 개정안에 따라 하
루 방문자 10만 명이 넘는 포털과 언론사 사이트에선 인터넷 실명제가 시행된다. 이 조
치의 효과는 미지수이고 "표현의 자유를 침해한다"는 반대 의견도 많다. 그러나 표현의
자유가 '상대에 대한 비수'까지 보장하는 것은 아니다. 결국 인터넷을 올바른 광장으로
만드는 것은 누리꾼들의 몫이다. (김윤종 문화부, zozo@donga.com, 2007. 1. 23.)

NOTE

미로와 같은 사랑...

실제 제시문 분석의 경우 어느 방향으로 잡을 것인가는 중요한 문제이면서 논술문 작성의 단초이다. 다음 인용글은 제시문 분석의 큰 방향을 잡는데 도움이 되기 때문에 인용하였다.

– 엄연석, 「논술문 작성을 위한 주제 분석과 개념 분석」, 『중등논술지도교사 직무 연수』, 서울특별시교육연수원, 2007, 125-126쪽.

A) 제시문을 분석하는 대립적 범주 개념쌍(16가지)

기준(척도)	정	반	유의사항
진리치	시是	비非	사태에 대한 시비판단
가치	선善	악惡	사태에 대한 가치판단
심미성	미美	추醜	사태에 대한 심미판단
수단과 목적	목적目的	수단手段	수단목적의 관계판단
동기와 결과	동기動機	결과結果	동기결과의 관계판단
필요와 충분	충분充分	필요必要	필요충분의 조건판단
원인과 결과	원인原因	결과結果	원인결과의 과정판단
부분과 전체	전체全體	부분部分	사태의 전체성 판단
정의와 이익	정의正義	이익利益	의리관계에 대한 판단
주객의 구분	객관客觀	주관主觀	객관성 정도에 대한 판단
개체와 집단	사회社會	개인個人	개인사회의 상대적 관계
다양성	다양多樣	단일單一	성질의 다수성 정도판단
보편성	보편普遍	특수特殊	사태의 내포적 범위판단
절대성	상대相對	절대絶對	범위의 절대성 정도판단
중요도	중요重要	경미輕微	일의 경중 판단
현실성	현실現實	이상理想	일의 실현가능성 판단

B) 2006년 한양대 수시 논술 문제:

"인간 세계에서는 한정되고 편협한 자신의 가치관만으로 좋고 나쁨을 구별하기 일쑤이다. 그 편협한 가치관을 식물에 대해 강요한 것이 바로 작물이다. 사람들은 보다 수확량이 많고 맛있어야 한다는 등의 기준 아래 월등한 것만을 선별하여, 그 형질이 가능한 한 균일하게 되도록 인위적인 선택을 계속해 왔다. 1840년 아일랜드에서는 갑자기 감자에 돌림병이 퍼져 기록적인 기근이 발생했다. 2백만 이상이 굶어 죽었고, 국외로 탈출하는 사람이 끊이지 않았다. 이 기근의 원인은 자명하다. 아일랜드에서는 한 가지 품종의 감자만을 전국적으로 재배하고 있었다. 그 때문에 한 가지 병에 대해 모든 감자가 한꺼번에 해를 입는 사태가 일어난 것이다.

하지만 다양성이 존재하는 잡초의 집단에서는 앞서 본 감자의 경우와 같은 일은 일어나지 않는다. 잡초는 같은 종자라 해도 크기, 무게, 형질이 획일적이지 않고 천차만별이어서 어떤 환경의 변화에도 대응할 수 있는 준비가 되어 있다. 뿐만 아니라 잡초는 환경의 위험스러운 변화를 오히려 번식의 계기로 삼기도 한다."

C) 범주 적용의 예

위의 글 속에는 인간의 주관적 판단과 인간중심적 세계관이 포함되어 있다. 또한 인간의 목적지향적 의식 또한 내포되어 있다. 그리고 획일성과 다양성의 관점에서 감자와 잡초 사이의 차이점을 비교함으로써 인간 사회의 문제점을 지적하고 있다. 그리고 나아가 능동성과 수동성의 문제 또한 배후에 작용한다.

B') 영역 전이의 예

현재 인류사회는 개방화 및 세계화의 진전으로 어느 때보다도 국가간 협력이 중시되고 있는 실정이다. 이러한 국제적 여건 속에서 우리나라가 주도적인 역할을 행하기 위해서는 이를 담당할 인력을 양성하는 것이 시급하다. 이런 점에서 세계 공용어가 되어가고 있는 영어를 조기에 교육해야 한다는 주장이 있으며, 정부는 초등학교 1학년부터 영어교육을 실시한다고 발표하기도 하였다. 연구에 의하면 언어습득은 대체로 아동기에 이루어지며 그 때가 지나면 노력에 비해 언어 능력이 눈에 띄게 떨어진다고 한다. 또한 외국어 교육의 경우 그 시기는 빠를수록 효과적이라고 한다. 게다가 외국어 학습에 가장 큰 장애가 되는 것은 흥미와 의욕 상실인데, 아동기는 자아 개념이 아직 이루어지지 않은 시기이므로 청소년기 때보다 더 많은 흥미를 가지고 외국어를 배울 수 있을 것이다. 따라서 조기교육을 통하여 영어 구사능력이 뛰어난 인재를 양성해야 한다.['향기나는 논술교실' 참고]

C) 범주 적용의 예

위의 인용문은 영어 조기교육의 필요성에 대하여 주장하고 있는 글이다. 이 글 속에는 먼저 영어의 보편화 문제가 포함되어 있다. 또한 이 글은 영어 조기교육에 따른 한글 교육에 미치는 영향 문제의 관점에서 볼 수 있다. 이것은 한글 교육과 대비하여 부분과 전체, 목적과 수단의 관점에서 영어 교육의 문제점을 분석할 수 있을 것이다. 그리고 이 글에는 '아동기'라고 하는 기간에 대한 이해를 인생의 전 기간과 관련하여 이해할 필요가 있을 것이다. 나아가 이 글은 '영어'의 조기 교육에 대한 필요성을 언급하고 있는데, 이것은 유례로서 현재 우리나라에 경제적 문화적으로 점점 더 커다란 영향을 미치는 중국과 관련하여 '한자' 교육의 필요성 문제와도 연관시켜 보는 것이 중요할 것이다. 이것은 한글과 비교하여 영어, 중국어, 한자를 하나의 전체와 부분의 관점에서 보는 것을 의미한다.

▼ 참고문헌

논술 / 토론 관련 도서 ■ ▪

강준만, 『대학생 글쓰기 특강』, 인물과 사상사, 2006.

권영민, 『우리 문장 강의』, 신구문화사, 1997.

김보일·구번일, 『책꽂이 속에 숨어있는 논술』, 살림, 2006.

김혜영, 『논술교육론』, 경남대학교출판부, 2006.

김봉준 외, 『작문의 원리와 실제』, 새문사, 1999.

민영욱, 『토론의 법칙』, 가림출판사, 2003.

박덕유, 『화법·작문 교육론』, 역락, 2003.

박동규, 『글쓰기를 두려워 말라』, 문학사상사, 1994.

박종덕, 『국어 논술 교육론』, 박이정, 2005.

손철성, 『고전과 논리적 글쓰기』, 이제이북스, 2005.

안규남, 「논술, 어떻게 쓸 것인가」, 『완벽 논술문, 이렇게 쓰라』, 문학사상사, 1994(개정
　　　　판 1쇄, 1997).

이대규, 『수사학 : 독서와 작문의 이론』, 신구문화사, 2003.

이상경 외, 『글쓰기 여행─토막글에서 통글까지』, 역락, 2005.

임영환 외, 『작문의 이론과 실제』, 집문당, 1997.

임재춘, 『한국의 직장인은 글쓰기가 두렵다』, 북코리아, 2005.

위기철, 『반갑다 논리야』, 사계절, 1992.

원진숙, 『논술교육론』, 박이정, 1995.

전영우, 『토의토론과 회의』, 집문당, 1999.

장소원 외, 『말의 세상, 세상의 말』, 월인, 2002.

장하늘, 『글 고치기 전략』, 2006.

전성일, 『화술의 힘』, 미래북, 2004.

전영우, 『토의토론과 회의』, 집문당, 1999(3쇄).

정기철, 『논술 교육과 토론』, 역락, 2003.

정병기, 『사회과학 글쓰기』, 서울대학교출판부, 2005.

정희모·이재성, 『글쓰기의 전략』, 들녘, 2005.

진형준, 『논술비법』, 살림, 2006(3쇄).

최재완, 『신문, 좋은 문장 나쁜 문장』, 커뮤니케이션북스, 2006.

최 훈, 『논리는 나의 힘』, 세종서적, 2003.
하우석, 『발표의 기술』, 살림, 2006(3쇄).
한상철, 『토론』, 커뮤니케이션북스, 2006.
황경식, 『재미있는 논리/ 논술 이야기』, 열림원, 1993.
고려대학교출판부, 『자연과학과 글쓰기』, 2005.

논리학 / 기타 관련 도서 ■ ■ ■

김광수, 『논리과 비판적 사고』, 철학과 현실사, 2002.
김춘태·이대회 공저,(개정판)『논리학의 이해』, 세종출판사, 2005.
박노자, 「영어공용화론의 망상」, 『당신들의 대한민국』, 한겨레 신문사, 2001.
복거일, 『국제어 시대의 민족어』, 문학과 지성사, 1998.
배식한, 『인터넷, 하이퍼텍스트 그리고 책의 종말』, 책세상, 2000.
서정선, 『논리학의 첫걸음』, 서광사, 2002.
이면우, 『신사고 이론』, 삶과 꿈, 1996.
최기선, 「디지털 도서관에서 지식에 이르는 길」, 『디지털 시대의 문화 예술』, 문학과 지
　　　성사, 1999.

번역서 ■ ■ ■

김위찬 · 르네 마보안/ 강혜구 옮김, 『블루오션 전략』, 교보문고, 2005.
사이토 다카시/황혜숙 옮김, 『원고지 10장을 쓰는 힘』, 루비 박스, 2005,
스티븐 바커/최세만 · 이재희 옮김, 『논리학의 기초』, 서광사, 2002(19쇄).
새뮤얼 P. 헌팅턴/이희재 옮김, 『문명의 충돌』, 김영사, 2002.
새뮤얼 P. 헌팅턴·로렌스 E해리슨 공편/이종인 옮김, 『문화가 중요하다』, 김영사, 2003.
셰리 터클/ 최유식 옮김, 『스크린 위의 삶』, 민음사, 2003.
앤 딕슨/ 이미숙 옮김, 『상대방이 절대 거절하지 못하는 대화법』, 징검다리, 2004.

고등학생을 위한

정상으로 통하는 논술

부록

1. 자기소개서와 추천서

표현하기에서 가장 절실하고 감동을 주는 것은
당연히 자신에 관한 체험의 글쓰기이다.
자신의 표현에 따른 글쓰기는 다분히 감정에 치우쳐
객관적 사실보다는 주관적 경험과 이해를 바탕으로 하게 된다.
그러나 자신의 경험을 객관화시킬 수 있고,
정형화시킬 수 있는 것은 바로 <자기소개서>이다.
이런 <자기소개서>는 자신을
가장 잘 표현한다고 할 수 있다.
따라서 본장에서는 <자기소개서>를 중심으로 표현의 방법에 관해서
실제와 분석을 검토하겠다.
물론 문학 장르를 제외하고는 표현이라는 용어를 쓰기가
다소 어려울지라도 여기서는 표현이라는 용어를 사용하겠다.

1) 자기소개서 쓰기와 고쳐쓰기

다음 글은 서울 명문 S대학과 포항의 명문 P대학을 지원한 학생이 쓴 글이다. 이 글을 통해 <자기소개서>의 조건을 알아보자.

자기소개(본인의 장·단점, 지원 동기, 리더십, 창의적인 정신, 국제적 감각에 대한 자기 평가, 장래 희망 등을 A4지 2매 이내로 자유롭게 기술하십시오.)

▌지원동기

저는 어려서부터 과학에 관심이 많았습니다. 여기엔 세 가지 정도의 요인이 있었습니다. 우선 집에 백과사전이 있었는데 그 중 유독 과학기술편을 즐겨 봤습니다. 물론 당시로서는 용어나 원리 같은 것을 이해할 수는 없었지만 어떠한 종류의 기계가 있는지 알게 되었고, 지구 생성이나 환경 같은 간단한 사항에 대해 알 수 있었습니다. 그리고 당시 TV에서 내셔널지오그래픽을 방영해 주던 때가 있었습니다. 지구의 역사라든지 우주 탐사 또는 별에 관해서 여러 가지 주제로 만들어진 다큐멘터리를 봤던 기억으로 저는 지금도 과학 다큐멘터리를 즐겨 보고 있습니다. 그러다가 친구의 소개로 과학상자를 알게 된 후로는 직접 간단한 기계를 조립해 보면서 지냈습니다. 나름대로 실력을 쌓아 초등학교 때는 학교 대표로 대회에 나가기도 했습니다. 그 후로 과학 분야 중 특히 기계 분야에 흥미를 가지기 시작했습니다. 고등학교에 진학할 때 쯤 포스텍에 대해 처음 들었습니다. 무엇보다 제가 입학하기 전에 졸업한 선배들이 4명씩이나 포스텍에 진학했다는 말을 듣고는 더욱 관심을 가졌습니다. 그 때부터 소식지 Postechian(당시 포항공대소식)을 받아 보고, 2학년 여름 때는 캠프에도 참가하면서 연구 중심 대학이라는 것에 매료되어 진학을 희망하게 되었습니다. 그리고 이제 그 꿈을 향해 한 걸음 더 나가기 위해 이렇게 포스텍에 지원하였습니다.

▌장·단점

저는 '열심히 살자'라는 좌우명을 가지고 있습니다. 너무 막연한 좌우명이지만 이보다 더 저를 표현할 수 있는 말은 없을 거라고 생각합니다. 종종 친구들과 축구나 농구 등을 할 때면 '지나칠 정도로 너무 진지하게 하는 것 아니냐'을 말을 자주 듣습니다. 단순히 즐기기 위해서 하는 운동이라 할지라도 열심히 해야 한다는 저의 생각이 다른 친구들보다 한 발이라도 더 뛰려는 모습으로 나타난다고 생각합니다. 꼭 운동이 아니더라도 청소라든지 그 외의 맡은 일이 주어지면 전 제 능력이 허용하는 정도까지는 열심히 하려고 합니다. 그래야 스스로 내 할 일을 다 하고 있다고 느낄 수 있기 때문입니다.

하지만 학교 생활 내내 과학 실험을 자주 못했던 것이 매우 아쉬웠습니다. 일년에 한두 번 그것도 실험 평가 목적으로 가끔씩 했을 뿐이었습니다. 그러던 중 2학년 여름방학 때 전국학생과학탐구대회에 나가게 되면서 과학실에서 자유롭게 실험할 기회를 얻었습니다. 저는 기회다 싶어 평소에 잘 못 해본 실험을 마음껏 하면서 여러 실험 도구들을 만지작거리고 과학실 내의 서적을 읽기도 했습니다. 무엇보다도 제가 꼭 해 보고 싶었고 관심을 가지고 있는 일이었기 때문에 그 어느 때보다도 열심히 실험을 수행했습니다.

▌장·단점-구체성의 표현

그 중 평면상에서의 충돌을 설명하기 위한 실험을 한 기억이 납니다. 책상 위에서 빗면으로 구슬을 운동시켜 책상 모서리의 구슬과 충돌시킨 뒤 바닥에 떨어지게 하는 실험이었습니다. 착지 지점을 알아내어 수평 방향으로 얼마나 날아갔는지를 알기 위해 바닥에 먹지와 먹을 찍을 종이를 깔고 충돌 실험을 반복했습니다. 그 뒤 기록된 점들로 필요한 값을 구해내어 끈질기게 계산을 했었습니다. 같이 실험을 했던 친구도 저의 이런 반복된 실험을 따라 주면서 '교과 성적이랑 관련된 것도 아닌데 열심히 하는구나'라는 말을 듣고 기분이 좋기도 했었습니다.

하지만 전 관심 있는 일이나 맡겨진 일에 대해서는 열심히 하지만 관심이 없는 일에 대해서는 그다지 열심히 하지 않기도 하고, 어떤 때는 열심히 하는 일이라도 쉽게 결론이 나지 않으면 질려버리는 성격도 가지고 있습니다. 가끔 수학이나 물리 문제를 풀다가도 이런 모습을 보일 때가 있어 스스로도 반성하고 있습니다. 어떻게 보면 끈기 부족이라고도 할 수 있는 저의 이런 성격 때문에 가끔은 '잘하기는 하는데 마무리가 약하다'는 얘기를 듣기도 합니다. 앞으로 쉽사리 결론이 나지 않는 과제를 수행해야 할 일이 많을 것이기에 무엇보다도 이 성격만큼은 꼭 고쳐야 한다는 생각을 가지고 노력하고 있습니다.

▌창의적인 정신

최근 우리나라의 핸드폰 제조 기술이 발달함에 따라 그에 따른 수익도 많이 증가했지만 그 만큼 기술 로열티로 나가는 돈도 증가했다는 얘기를 들었습니다. 핸드폰 뿐 아니라 IT같은 우리의 주력 업종에서도 이런 현상이 일어나고 있다고 들었습니다. 전 앞으로 우리나라가 우리의 기초 기술로 제품을 만들어 판매하고 오히려 외국에서 우리의 기술을 가져가 로열티로 돈을 벌어들이는 날을 꿈꾸고 있습니다. 그러기 위해 공학 중에서도 기초분야격인 기계공학을 전공하고자 하는 것입니다. 제가 연구한 작은 기술이 훌륭한 제품을 만들어 내어 사람들의 생활을 편하게 할 수 있다는 그만한 기쁨은 없을 것입니다.

▌장래 희망

그런 날이 오도록 하기 위해서 우선 진학 후 기초 학문부터 차근차근 터득해 나갈 계획입니다. 그리고 무엇보다도 현재 제게 부족한 국제적 감각을 키우기 위해 대학 동안 방학을 이용해 세계 여러 곳을 다녀와 볼 생각입니다. 그렇게 해서 세계 여러 곳의 사람들과 만나면서 그들을 이해하고 배우면서 앞으로 국제화 시대에 살아갈 준비를 할 것입니다.

인생을 살아가는 데에는 두 가지 방법이 있다고 생각합니다. 그냥 흘러가는 데에 맞추어서 살아가는 것과 자신의 확고한 신념과 의지를 가지고 살아가는 방법. 저는 후자를 선택할 것입니다. 어릴 적의 작은 관심에서 시작된 꿈을 이루기 위해 저는 언제라도 앞으로 나아갈 것입니다.

실제 쓰기의 문제점 ①

자기소개서에서 요구하는 것은 '본인의 장·단점, 지원 동기, 리더십, 창의적인 정신, 국제적 감각에 대한 자기 평가, 장래 희망' 등이다. 물론 될 수 있는 대로 요구 조건을 충족시키는 것이 좋다.

자기소개서는 반드시 읽는이에게 논리적인 설득을 가져야 한다. 위 글은 요구 사항들을 두루 갖추었다고 볼 수 있다. 위 글이 아니더라도 구체성, 객관성, 진실성(사실성), 술어 선택의 문제 등을 점검해 볼 필요성은 있다. 이는 자기소개서 내용을 제대로 표현했는지를 검토하기 위해서이다.

첫째는 문장 구조의 문제점을 지적할 수 있다. 가령 "여기엔 세 가지 정도의 요인이 있었습니다."라고 진술하고 있지만 뒤에 이어지는 문장은 요인에 해당되기보다는 한 가지 요인에 대한 서술 과정의 연속이라고 할 수 있다. 따라서 이 문장을 없애던지 아니면 세 가지 요인을 진술하는 것이 바르다.

둘째는 추상적 표현이 군데 군데 보인다는 점이다. 가령 "친구의 소개로 과학상자를 알게 된 후로는 직접 간단한 기계를 조립해 보면서 지냈습니다."라고 진술하고 있지만 과학 상자가 어떤 것인지를 좀 더 구체적으로 진술하는 것이 좋다. 그리고 구체적 경험을 진술하는 동시에 자신이 전공하고자하는 내용과 관련성을 찾아야 한다. 하나 더 예를 들면 "세계 여러 곳의 사람들과 만나면서 그들을 이해하고 배우면서 앞으로 국제화 시대에 살아갈 준비를 할 것입니다."라는 표현은 매우 추상적 진술이다. 왜냐하면 도대체 만나서 무엇을 하겠다는 것인지 알 수 없기 때문이다.

셋째는 객관적 진술이 부족하다는 점이다. 가령 "나름대로 실력을 쌓아 초등학교 때는 학교 대표로 대회에 나가기도 했습니다."라고 진술하고 있지만 실제 학교 단위, 시 단위, 전국 규모에 따라 학생에 대한 평가가 달라지는 것은 당연하다. 따라서 이를 객관화할 수 있는 문장의 진술이 필요하다. 물론 실시 시기, 실시 기관(장), 대회 규모 등이 포함되어야 한다.

또 전문적인 술어는 맞게 쓰는 것이 좋다. 가령 핸드폰의 경우이다. 자기소개서는 공문서의 성격이 강하기 때문에 전문적인 술어를 선택해서 쓴 것이 좋다.

위 글을 읽어 보면 리더십과 국제적 감각에 대한 자기의 평가 부분이 빠져있다. 문제가 요구하는 조건은 모두 갖추는 것이 바람직하다. 이는 글쓴이의 역량을 평가할 수 있는 대목이기 때문이다. 물론 사실의 바탕 위에 써야 한다.

실제 쓰기의 고친 예 ①

위와 같은 부족한 점을 바탕으로 고친 쓴 글은 다음과 같다.

저는 어려서부터 과학에 관심이 많았습니다. 집에 백과사전이 있었는데 그 중 유독 과학기술편을 즐겨 읽었습니다. 물론 당시로서는 용어나 원리 같은 것을 이해할 수는 없었지만 여러 종류의 항공기, 선박, 자동차, 그리고 기차 등의 쓰임새와 그 기계들의 변천사에 대해 알 수 있었고, 지구의 생성 과정이나 환경 같은 간단한 내용을 이해할 수 있었습니다. 그리고 초등학교 2학년 때쯤 TV에서 내셔널지오그래픽을 방영해 주었습니다. 어릴 때라서 모두 기억나지는 않지만 공룡시대의 모습을 봤던 기억도 있고, 우주왕복선의 발사 준비부터 귀환까지의 과정을 본 기억도 납니다. 이 때의 기억으로 저는 지금도 과학 다큐멘터리를 즐겨보고 있습니다. 그러다가 친구의 소개로 과학상자를 알게 된 후로는 직접 자동차나 크레인, 비행기 같은 간단한 기계를 만들며 보냈습니다. 나름대로 실력을 쌓아 초등학교 5학년 때는 학교 대표로 울산광역시강남교육청 주최의 과학경진대회에서 은상을 받기도 했습니다. 그 후로 과학 분야 중 특히, 기계 분야에 흥미를 가지기 시작했습니다.

고등학교에 진학할 때 쯤 포스텍에 대해 처음 들었습니다. 무엇보다 제가 입학하기 전 졸업한 선배들이 4명씩이나 포스텍에 진학했다는 말을 듣고는 더욱 관심을 가졌습니다. 그 때부터 소식지 ≪Postechian≫(당시포항공대소식)을 받아 보고, 여름 때는 캠프에도 참가하면서 연구 중심 대학이라는 특징에 매료되어 진학을 결심하게 되었습니다. 그리고 이젠 그 꿈을 향해 한 걸음 더 나가기 위해 이렇게 포스텍에 지원하였습니다.

저는 '열심히 살자'라는 좌우명을 가지고 있습니다. 너무 막연한 좌우명이지만 이보다 더 저를 표현할 수있는 말은 없을 거라고 생각합니다. 종종 친구들과 축구나 농구 등을 할 때면 전 '지나칠 정도로 너무 진지하게 하는 것 아니냐'는 말을 자주 듣습니다. 단순히 즐기기 위해 하는 운동이라 할지라도 열심히 해야 한다는 저의 생각이 다른 친구들보다 한 발이라도 더 뛰려는 모습으로 나타난다고 생각합니다. 꼭 운동이 아니더라도 청소라든지 그 외의 맡은 일이 주어지면 전 제 능력이 허용하는 정도까지는 열심히 하려고 합니다. 그래야 스스로 내 할 일을 다 하고 있다고 느낄 수 있기 때문입니다.

하지만 중학교와 고등학교 생활 내내 과학 실험을 자주 못했던 것이 매우 아쉬웠습니다. 일년에 한두 번 그것도 실험평가 목적으로 가끔씩 했을 뿐이었습니다. 그러던 중 고등학교 2학년 여름방학 때 한국학생과학탐구올림픽 고등학교과학탐구 전국대회에 나가게 되면서 과학실에서 자유롭게 실험할 기회를 얻었습니다. 그때 과학실의 여러 실험 도구들을 다루는 경험을 하게 되었습니다. 무엇보다도 제가 꼭 해 보고 싶었고 관심을 가지고 있는 일이었기 때문에 그 어느 때보다도 열심히 실험했습니다. 그 중 평면상에서의 충돌을 설명하기 위한 실험을 한 기억이 납니다. 책상위에서 빗면으로 구슬을 운동시켜 책상 모서리의 구슬과 충돌시킨 뒤, 바닥에 떨어지게 하는 실험이었습니다. 착지 지점을 알아내서 수평 방향으로 얼마나 날아갔는지를 알기 위해 바닥에 먹지와 종이를 깔고 충돌 실험을 반복했습니다. 그 뒤 기록된 점들로 필요한 값들을 구해내어 끈질기게 계산했었습니다. 같이 실험을 했던 친구도 저의 이런 반복된 실험을 따라주면서 '교과 성적이랑 관련된 것도 아닌데 열심히 하는구나'하는 말을 해 주어서 정말 기뻤습니다.

하지만 전 관심 있는 일이나 맡겨진 일에 대해서는 열심히 하지만 관심이 없는 일에 대해서는 그다지 열심히 하지 않기도 하고 어떤 때는 열심히 하는 일이라도 쉽게 결론이 나지 않으면 질려버리는 성격도 가지고 있습니다. 가끔 수학이나 물리 문제를 풀다가도 이런 모습을 보일 때가 있어 스스로도 반성하고 있습니다. 어떻게 보면 끈기 부족이라고도 할 수 있는 저의 이런 성격 때문에 가끔은 '잘하기는 하는데 마무리가 약하다'는 얘기를 듣기도 합니다. 앞으로 쉽사리 결론이 나지 않는 과제를 수행해야 할 일이 많을 것이기에 무엇보다도 이 성격만큼은 꼭 고쳐야 한다는 생각을 가지고 노력하고 있습니다.

최근 우리나라의 셀룰러폰 제조 기술이 발달함에 따라 그에 따른 수익도 많이 증가했지만, 그 만큼 기술 로열티로 나가는 돈도 증가했다는 얘기를 들었습니다. 셀룰러폰 뿐 아니라 IT같은 우리의 주력 업종에서도 이런 현상이 일어나고 있다고 들었습니다. 전 앞으로 우리나라가 우리의 기초 기술로 제품을 만들어 판매하고 오히려 외국에서 우리의 기술을 가져가 로열티로 돈을 벌어들이는 날이 오기를 희망합니다. 저도 이 날을 조금이라도 빨리 오게 하는 데에 기여하고 싶습니다. 그러기 위해 공학 중에서도 기초 분야라 할 수 있는 기계 공학을 전공하고자 하는 것입니다. 제가 연구한 작은 기술이 훌륭한 제품을 만들어 내어 사람들의 생활을 편하게 할 수 있다면 그만한 기쁨은 없을 것입니다.

그런 날이 오도록 하기 위해서 우선 진학 후 기초학문부터 차근차근 터득해나갈 계획입니다. 그리고 무엇보다도 현재 제게 부족한 국제적 감각을 키우기 위해 대학 동안 방학을 이용해 세계 여러 곳을 다녀와 볼 생각입니다. 그렇게 해서 세계 여러 곳의 사람들과 만나면서 그들을 이해하고 배우면서 앞으로 국제화 시대에 살아갈 준비를 할 것입니다.

　인생을 살아가는 데에는 두 가지 방법이 있다고 생각합니다. 그냥 흘러가는 데에 맞추어서 살아가는 것과 자신의 확고한 신념과 의지를 가지고 살아가는 방법. 저는 후자를 선택할 것입니다. 어릴 적의 작은 관심에서 시작된 꿈을 이루기 위해 저는 언제라도 앞으로 나아갈 것입니다.

자기소개서의 작성 ②

서울 Y대 법대를 지원한 학생의 자기소개서이다.

1. 남들보다 뛰어나다고 생각하는 자신의 장점(특성 혹은 능력)과 보완·발전시켜야 할 단점(특성 혹은 능력)에 대하여 기술하십시오(자신의 장점을 발휘할 수 있었던 사례와, 단점을 극복하기 위해 기울인 노력이 있다면 구체적으로 설명하십시오).

저의 가장 큰 장점은 제가 맡은 일은 무엇이든지 정열적으로 꼼꼼하게 해 내려고 노력한다는 점입니다. '성공에는 아무런 속임수도 없다. 나에게 주어진 일에 온 힘을 기울일 뿐이다.'라는 데일 카네기의 말을 신념으로 갖고 있는 저는 노력의 가치를 중요하게 생각합니다. 또 제가 맡은 일에 대해서는 완벽을 추구하는 장점을 가지고 있습니다. 초등학교 때 전교회장을 맡아 책임감을 가지고, 공약으로 내세웠던 학생들과 교장 선생님과의 거리 좁히기에 힘을 썼습니다. 학생회의를 통해 학생들의 목소리를 모아 회의가 끝난 후, 교장선생님께 학생들의 생각을 전달했습니다. 그 결과 학교에 백엽상이 설치되었고, 도서실에 학생들이 신청한 희망 도서를 구비할 수 있었습니다. 한편 매사에 노력하는 장점은 학업에서도 드러났습니다. 이해력이 조금 부족한 저는 그것을 극복하기 위해 교과서 전체를 암기하는 방법을 택했습니다. 쉬운 일은 아니었지만 부단한 노력의 결과 전 과목 만점의 성적을 이루기도 했습니다.

하지만, 일단 시작하면 노력을 쏟고 완벽을 기하는 성격에 비해, 어떤 일의 결정에 있어서는 우유부단하다는 말을 종종 듣곤 합니다. 저가의 물건을 사는 사소한 일에서부터, 친구 관계, 진학과 같이 제 인생에 중요한 결정의 순간에서 쉽사리 결정하지 못하는 성격 탓에 피해를 본 적도 있고, 그로 인해 후회를 한 경험도 많습니다. 이러한 단점은 앞으로 인생을 살아가며 수많은 기로의 순간에서 저를 가로막는 장애물이 될 것입니다. 이 단점을 극복하기 위해 저는 몇 가지 생활 준칙을 정해 놓고 매일 매일 스스로를 평가 하고 있습니다. 특히 남을 지나치게 의식한다는 점을 우유부단한 성격의 주된 원인으로 파악하고, 이를 고치기 위해 스스로에게 당당해지기 위한 자기 다짐을 하고 있습니다.

이를 통해 제 자신에 대한 믿음과 결단력을 좀 더 기를 수 있게 되었지만, 법률과 양심에 따라 공정한 판결을 내려야 하는 법관이 되기 위해서는 사심에 흔들리지 않고 곧은 판단을 내릴 수 있는 사람이 되기 위해 더욱 노력해야 할 것입니다.

위 글은 자신의 장점을 기술하는데 있어 부족한 점을 지적하면 다음과 같다.

첫째, "초등학교 때 전교회장을 맡아 책임감을 가지고, 공약으로 내세웠던 학생들과 교장 선생님과의 거리 좁히기에 힘을 썼습니다."의 경우는 의미 전달을 될지 몰라도 문맥이 부드럽지 못하다.

둘째, 남의 눈치를 본다는 것은 분명 단점이지만 단점이 객관적 시각을 가지기 위한 노력이라면 오히려 좋은 점이 될 것이다.

이를 고쳐 적으면 다음과 같다.

1.
남들보다 뛰어나다고 생각하는 자신의 장점(특성 혹은 능력)과 보완·발전시켜야 할 단점(특성 혹은 능력)에 대하여 기술하십시오(자신의 장점을 발휘할 수 있었던 사례와, 단점을 극복하기 위해 기울인 노력이 있다면 구체적으로 설명하십시오).

저의 가장 큰 장점은 제가 맡은 일은 무엇이든지 정열적으로 꼼꼼하게 해내려고 노력한다는 점입니다. 저는 '성공에는 아무런 속임수도 없다. 나에게 주어진 일에 온 힘을 기울일 뿐이다.'라는 데일 카네기의 말을 신념으로 갖고 있습니다. 그래서 저는 노력의 가치를 중요하게 생각합니다. 또 제가 맡은 일에 대해서는 완벽을 추구하는 장점을 가지고 있습니다. 초등학교 때 전교회장을 맡아 책임감을 가지고, 공약으로 내세웠던 학생들과 교장 선생님과의 거리 좁히기에 힘을 썼습니다. 학생회의를 통해 학생들의 목소리를 모아 회의가 끝난 후 교장 선생님께 학생들의 생각을 전달했습니다. 그 결과 학교에 백엽상이 설치되었고, 도서실에 학생들이 신청한 희망 도서를 구비할 수 있었습니다. 한편 매사에 노력하는 장점은 학업에서도 드러났습니다. 이해력이 조금 부족한 저는그것을 극복하기 위해 교과서 전체를 암기하는 방법을 택했습니다. 쉬운 일은 아니었지만 부단한 노력의 결과 전 과목 만점의 성적을 이루기도 했습니다.

하지만 일단 시작하면 노력을 쏟고 완벽을 기하는 성격에 비해, 어떤 일의 결정에 있어서는 우유부단하다는 말을 종종 듣곤 합니다. 저가의 물건을 사는 사소한 일에서부터 친구 관계, 진학과 같이 제 인생에 중요한 결정의 순간에서 쉽사리 결정하지 못하는 성격 탓에 피해를 본 적도 있고, 그로 인해 후회를 한 경험도 많습니다. 이러한 단점은 앞으로 인생을 살아가며 수많은 기로의 순간에서 저를 가로막는 장애물이 될 것입니다.

이 단점을 극복하기 위해 저는 몇 가지 생활 준칙을 정해 놓고 매일 매일 스스로를 평가 하고 있습니다. 특히 남을 지나치게 의식한다는 점을 우유부단한 성격의 주된 원인으로 파악하고 이를 고치기 위해 스스로에게 당당해지기 위한 자기 다짐을 하고 있습니다. 이를 통해 제 자신에 대한 믿음과 결단력을 좀 더 기를 수 있게 되었지만, 법률과 양심에 따라 공정한 판결을 내려야 하는 법관이 되기 위해서는 사심에 흔들리지 않고 곧은 판단을 내릴 수 있는 사람이 되기 위해 더욱 노력하고 있습니다.

자기소개서의 한 항목을 더 들어 보겠다.

2.
고등학교 재학 기간 중 학업 이외의 활동 영역(사회봉사 활동, 교내·외 클럽 활동, 단체 활동, 취미 활동, 문화 활동)에서 가장 소중했던 경험을 소개하고, 이러한 경험이 자신의 성장에 어떤 도움을 주었는지 기술하십시오.

고등학교 2학년 여름 방학, 특수교육을 전공하는 누나와 함께 특수아 어린이집 '수연 어린이집'에 봉사활동을 하러 갔습니다. 수영 도우미 역할을 맡아 제가 돌보게 된 아이는 '현우'라는 아이였습니다. 다운증후군을 가졌지만 밝은 성격을 가진 아이였습니다. 처음에는 내가 현우를 위해 무엇인가 해주어야 한다는 생각을 가지고 있었기 때문에 현우를 대할 때 의무감이라는 벽이 생긴 것만 같았습니다. 그러나 현우가 제 손을 잡으며 "형, 나 혼자서 다 할 수 있어요, 그냥 같이 재미있게 놀아요." 라고 말했을 때 저는 제가 여태껏 장애인에 대해 잘못 생각하고 있었다는 것을 깨달았습니다.

여기 같이 있는 아이들과 제가 다른 점은 생긴 모습, 성격일 뿐 그 밖에 제가 그 아이들에 비해 특별한 것은 아니었습니다. 오히려 비장애인 아동들보다 더 순수하고 사람의 정을 잘 느끼는 아이들과 함께하면서 장애인에 대해 내심거리감을 두었던 제 자신이 부끄러웠습니다. 장애인들에 대한 배려는 분명 필요한 것입니다. 그러나 그들의 몸이 조금 불편하다고 해서 연민하고 동정하는 태도 역시 바람직하지 않다고 생각합니다. 장애인들이 가지고 있는 장애는 우리와 '틀린' 것이 아니라 '다름'이며, 그러한 다름에 대해서 존중하고 함께 더불어 살아가는 태도가 필요한 것입니다.

봉사 활동을 다녀온 후로 저는 장애인들에 대해서 다시 생각해 보았을 뿐만 아니라, 우리 사회 전체를 생각해 보게 되었습니다. 장애인들을 위한 <장애인복지법> 등이 제정되어 있음에도 불구하고 비장애인 중심으로 형성된 사회는 장애인에 대해 열등하고 무능력하다는 편견을 가지고 있는 것이 현실입니다. 때문에 현재의 법률이 그 기능을 다 하고 있지 못하고 있다고 보았습니다. 그래서 이러한 법률이 효과를 발휘하기 위해서 어떤 것이 필요한지 생각해보았습니다. 그 결과 진정 우리 사회에서 장애인들이 소외받지 않고 부당한 차별을 받지 않기 위해서는 제도적인 개혁뿐만 아니라 장애인에 대한 사회적 의식의 발전이 뒤따라야 한다는 것을 깨달을 수 있었습니다.

위 글을 고쳐 적으면 다음과 같다.

2.
고등학교 재학 기간 중 학업 이외의 활동 영역(사회봉사 활동, 교내·외 클럽 활동, 단체 활동, 취미 활동, 문화 활동)에서 가장 소중했던 경험을 소개하고, 이러한 경험이 자신의 성장에 어떤 도움을 주었는지 기술하십시오.

고등학교 2학년 여름 방학, 특수 교육을 전공하는 누나와 함께 특수아 어린이집 '수연 어린이집' 에 봉사활동을 하러 갔습니다. 수영 도우미 역할을 하게 되었는데 제가 돌보게 된 아이는 '현우'라는 아이였습니다. 다운증후군을 가졌지만 밝은 성격을 가진 아이였습니다. 처음에는 내가 현우를 위해 무엇인가 해주어야 한다는 생각을 가지고 있었습니다. 그래서 현우를 대할 때 의무감이라는 벽이 생긴 것만 같았습니다. 그러나 현우가 제 손을 잡으며 "형, 나 혼자서 다 할 수 있어요, 그냥 같이 재미있게 놀아요." 라고 말했을 때 제가 여태껏 장애인에 대해 잘못 생각하고 있었다는 것을 깨달았습니다.

오히려 비장애인 아동들보다 더 순수하고 정이 많은 아이들과 함께하면서 장애인에 대해 내심 거리감을 두었던 제 자신이 부끄러웠습니다. 장애인들에 대한 배려는 분명 필요한 것입니다. 그러나 그들의 몸이 조금 불편하다고 해서 연민하고 동정하는 태도 역시 바람직하지 않다고 생각합니다. 장애인들이 가지고 있는 장애는 우리와 '틀린' 것이 아니라 '다름'이며, 그러한 다름에 대해서 존중하고 함께 더불어 살아가는 태도가 필요한 것입니다.

봉사 활동을 다녀온 후로 저는 장애인들에 대해서 다시 생각해 보았을 뿐만 아니라, 우리 사회 전체를 생각해 보게 되었습니다. 장애인들을 위한 장애인복지법 등이 제정되어 있음에도 불구하고 비장애인 중심으로 형성된 사회는 장애인에 대해 열등하고 무능력 하다는 편견을 가지고 있는 것이 현실입니다. 진정 우리 사회에서 장애인들이 소외받지 않고 부당한 차별을 받지 않기 위해서는 제도적인 개혁뿐만 아니라 장애인에 대한 사회적 인식의 변화가 있어야 한다는 것을 깨달았습니다.

그래서 법관이 될 기회가 주어진다면 장애인과 같이 소외받고 있는 사람들을 위해 힘써야겠다고 생각하게 되었습니다. 장애인에게는 법원의 문턱이 너무나도 높다고 합니다. 때문에 장애인들도 법의 보호를 받고 법적 권리를 주장할 수 있도록 제도적인 개혁에 앞장설 뿐만 아니라, 장애인에 대한 사회적 인식의 변화를 이끄는 사람이 되기 위해 노력할 것입니다.

자기소개서의 한 항목을 들어 보겠다.

3.
자신이 가장 소중하게 생각하는 고등학생 시절의 지적 성취 경험에 대해서 설명하십시오. 단, 시험 이나 석차 등을 나열하기보다는 자신의 창의적인 학습 활동 내용 및 과정 등을 중심으로 기술하십시오.

내성적 저는 고등학교 1학년 겨울부터 2학년 초까지 열중했던 한자 학습이 기억에 남아 있습니다. 방학을 맞아 학교 ,수능에 한정된 공부에서 벗어나 실생활에 유용하기도 하면서 적성에 맞는 공부를 하기 위해 찾은 것이 한자였습니다. 저는 초등학교 6학년 때 천자문을 공부했던 경험이 있었지만 그 이후 한자 공부를 거의 하지 않아 다시 본 한자 책이 어렵기만 했습니다. 하루 동안 연습장 가득 한자를 쓰면서 외워보았지만 며칠이 지나면 대부분 잊어버리기 일쑤였습니다. 무턱대고 외우기만 해서는 금방 잊어버리기 쉬운 것이 한자의 특징이라는 것을 새삼 깨닫고 다시 처음부터 한자의 원리를 공부했습니다. '육서'라고 하는 한자의 여섯 가지 형성 원리를 이해하고, 부수의 원리까지 공부하고 나니 처음과는 달리 쉽게 외워지면서도 오랫동안 기억에 남았습니다. 어느 정도 한자에 대한 지식을 쌓고 나서 저는 글자를 공부하는 데 그치지 않고 한문으로 공부의 방향을 넓혔습니다. 특히 명심보감, 논어, 소학 등에 나오는 고사성어와 문장을 공부할 때에는 단순히 문장을 외우는 것이 아니라 옛 선인들이 그러했듯이 책 속의 가르침을 마음으로 느낄 수 있었습니다. 옛 성인들의 문장을 공부하며 배운 삶의 교훈들은 저의 정신을 풍부하게 해주었고, 한자를 공부하며 얻은 성취는 한자 실력 2급 합격에서 나타났습니다. 또한 제가 원하는 법관이 되기 위해서는 한자 능력이 요구된다고 알고 있는데, 그러한 점에서는 고등학교 시절 저의 한자 학습이 도움이 될 것이라고 생각합니다.

고친 글은 다음과 같다.

3.
자신이 가장 소중하게 생각하는 고등학생 시절의 지적 성취 경험에 대해서 설명하십시오. 단, 시험 성적이나 석차 등을 나열하기보다는 자신의 창의적인 학습 활동 내용 및 과정 등을 중심으로 기술하십시오.

저는 고등학교 1학년 겨울부터 2학년 초까지 열중했던 한자 학습이 기억에 남아 있습니다. 방학을 맞아 학교, 수능에 한정된 공부에서 벗어나 실생활에 유용하기도 하면서 적성에 맞는 공부를 하기 위해 찾은 것이 한자였습니다.

하루 동안 연습장 가득 한자를 쓰면서 외워보았지만 며칠이 지나면 대부분 잊어버리기 일쑤였습니다. 무턱대고 외우기만 해서는 금방 잊어버리기 쉬운 것이 한자의 특징이라는 것을 새삼 깨닫고, 다시 처음부터 한자의 원리를 공부했습니다. '육서'라고 하는 한자의 여섯 가지 형성 원리를 이해하고, 부수의 원리까지 공부하고 나니 처음과는 달리 쉽게 외워지면서도 오랫동안 기억에 남았습니다. 어느 정도 한자에 대한 지식을 쌓고 나서 저는 글자를 공부하는 데 그치지 않고 한문으로 공부의 방향을 넓혔습니다. 특히 명심보감, 논어, 소학 등에 나오는 고사성어와 문장에는 앞으로 삶을 살아가는데 필요한 가르침들이 함축되어 있었습니다. 그래서 단순히 문장을 외우는 것이 아니라 옛 선인들이 그러했듯이 책 속의 가르침을 마음으로 느낄 수 있었습니다. 옛 성인들의 문장을 공부하며 얻은 삶의 교훈들은 저의 정신을 풍부하게 해주었고, 한자를 공부하며 얻은 성취는 한자 실력 2급 합격에서 나타났습니다. 또한 제가 원하는 법관이 되기 위해서는 한자 능력이 요구 된다고 알고 있는데, 그러한 점에서는 고등학교 시절 저의 한자 학습이 도움이 될 것이라고 생각합니다.

자기소개서의 작성 ③

다음은 서울 S대 법대를 지원한 학생의 지원서이다. 대학에서 요구하는 지원서에는 대체로 자신의 장·단점이나 개인의 학습 능력 또는 감명 받은 책에 대해서 적거나 대학 진학 후 학습 계획, 장래 희망 등을 요구한다. 여기서는 감명받은 책과 진학 후 학습 계획에 관한 예를 들고자 한다.

1.
자신이 가장 감명 깊게 읽은 책과 그 이유를 설명하고, 그것이 자신의 삶에 주는 의미를 기술하십시오.

제가 감명 깊게 읽은 책은 로버트 팔콘 스콧의 『남극일기』입니다. 이 책은 세기의 대결 이라고도 불리워지는 아문센과 스콧의 남극점 정복 대결을 다루고 있습니다. 스콧의 일기가 발견되기 전 까지는 남극점에 먼저 도착하기 위한 아문센과 스콧의 모험이야기를 승리자인 아문센만 빛나는 승리자로, 스콧은 패배자의 모습으로 기억되었습니다. 하지만 이 후 스콧의 일기가 발견되자 그 평가는 달라졌습니다. 저 역시 이 책을 읽기 전에는 스콧의 부족한 점만을 알고 있었지만, 책을 읽고 난 후에는 그 생각이 옳지 않았다는 것을 알게 되었습니다.

오히려 스콧이 지닌 매력에 빠져들게 되었는데, 리더로서의 강인한 모습과 인간적인 면을 모두 갖춘 점이 특히 와 닿았습니다. 대장으로서 탐험 준비에 철저하고, 위기에 빠진 팀 동료를 몇 시간 동안 로프에 매달려 구해내는 그에게서 강인한 리더로서의 모습을 보았습니다. 한편으로는 죽음이 엄습해오는 순간에도 팀 동료들을 격려하고, 이미 죽은 동료들의 가족들에게 일일이 편지를 쓰는 스콧의 인간미와 마지막으로 죽음의 문턱에서 죽음을 초연하게 받아들이는 모습은 진정한 리더상이 아닐까 하는 생각이 들게 했습니다.

평소 책임감은 강하지만 우유부단한 성격이 걸림돌이 되어 일을 그르치는 경우가 많은 저는 이 책을 통해 리더로서 갖추어야 할 덕목들이 책임감뿐만 아니라 정확한 판단력과 추진력이 필요하다는 것을 배울 수 있었습니다. 그리고 그런 결단력과 추진력은 무엇보다도 자신에 대한 믿음에서 나온 다는 것을 알 수 있었습니다. 또한 폭넓은 지식을 쌓고 사회 전반에 걸친 관심을 가지는 한편, 다양한 경험이 수반될 때, 우리 사회를 이끌어 갈 리더로 성장할 수 있음을 깨달았습니다.

고친 글은 다음과 같다.

1.
자신이 가장 감명 깊게 읽은 책과 그 이유를 설명하고, 그것이 자신의 삶에 주는 의미를 기술하십시오.

제가 감명 깊게 읽은 책은 로버트 팔콘 스콧의 『남극일기』입니다. 이 책은 세기의 대결이라고도 불리는 아문센과 스콧의 남극점 정복 대결을 다루고 있습니다. 스콧의 일기가 발견되기 전까지는 남극점에 먼저 도착하기 위한 아문센과 스콧의 모험 이야기가 승리자인 아문센만 빛나는 승리자로, 스콧은 패배자의 모습으로 기억되었습니다. 하지만 이 후 스콧의 일기가 발견되자 그 평가는 달라졌습니다. 저 역시 이 책을 읽기 전에는 스콧의 부족한 점만을 알고 있었지만, 책을 읽고 난 후에는 이 생각이 옳지 않았다는 것을 알게 되었습니다.

오히려 스콧이 지닌 매력에 빠져들게 되었는데, 리더로서의 강인한 모습과 인간적인 면을 모두 갖춘 점이 특히, 와 닿았습니다. 대장으로서 탐험 준비에 철저하고, 위기에 빠진 팀 동료를 몇 시간 동안 로프에 매달려 구해내는 그에게서 강인한 리더로서의 모습을 보았습니다. 한편으로는 죽음이 엄습해오는 순간에도 팀 동료들을 격려하고, 이미 죽은 동료들의 가족들에게 일일이 편지를 쓰는 스콧의 인간미에 또 한 번 감탄하였습니다. 마지막으로 죽음의 문턱에서 죽음을 초연하게 받아들이는 모습은 진정한 리더상이 아닐까 하는 생각이 들게 했습니다.

평소 책임감은 강하지만 우유부단한 성격이 걸림돌이 되어 일을 그르치는 경우가 많은 저는 이 책을 통해 리더로서 갖추어야 할 덕목들이 책임감뿐만 아니라 정확한 판단력과 추진력이 필요하다는 것을 배울 수 있었습니다. 그리고 그런 결단력과 추진력은 무엇보다도 자신에 대한 믿음에서 나온다는 것을 알 수 있었습니다. 또한 폭넓은 지식을 쌓고 사회 전반에 걸친 관심을 가지는 한편, 다양한 경험이 수반될 때, 우리 사회를 이끌어 갈 리더로 성장할 수 있음을 깨달았습니다.

다음 항목을 살펴보자.

① 해당 전공분야에 지원하게 된 동기, ② 입학 후의 학업계획 및 자기 계발 계획,
③ 졸업 후의 진로 계획을 구체적으로 기술하십시오.

① 지원 동기

고려 시대 서희는 거란의 침입에 대해 외교 담판을 지음으로써 거란을 물러나게 했을 뿐만 아니라 강동 6주까지 획득했고, 조선시대 15대 왕인 광해군은 임진왜란이 끝난 직후, 명과 후금 사이에서 정세를 잘 파악한 중립외교를 펼쳐 전란을 피했습니다. 이처럼 외교는 피를 보지 않고도 나라를 지킬수 있는 수단이라고 생각합니다. 최근 북한과 우리나라, 미국, 일본은 첨예한 갈등 상황에 놓여 있고, 한미 FTA협상에서도 각자 자국의 이익을 위해 물러서지 않고 대립하는 것을 보면서 우리나라가 다른 국가로부터 이익을 지키기 위해 필요한 것은 강한 외교력이라고 생각했습니다. 중학교 때 국사를 공부하며 독도 문제, 프랑스의 외규장각 도서 문제 등에 자극을 받아 외교관의 꿈을 키웠던 저는 최근에 벌어지는 사건들을 통해 더욱 확고하게 원하는 전공을 선택할 수 있었습니다. 따라서 정치 외교학과가 있는 사회과학계열에 진학하여 외교와 국제 정세에 대한 전문적이고 폭넓은 공부를 하고 싶습니다.

② 입학 후 학업 계획 및 자기 계발 계획

제 꿈은 외교관이 되어 외교통상부에 들어가는 것이기 때문에 외교관이 되기 위한 능력을 키워나갈 것입니다. 우선 외교관이 되기 위한 가장 중요한 능력인 영어에 주력할 것입니다. 문법과 독해 위주였던 고등학교 공부와는 달리 실질적으로 말하고 듣는 능력을 발전시키기 위해 '경주 문화 엑스포'를 포함한 다양한 세계엑스포에 도우미로 참여하여 외국인 관광객을 대상으로 자원봉사를 할 것입니다. 그리고 영어를 능숙하게 구사할 수 있을 때 프랑스어와 일본어를 습득할 계획입니다. 또 외교관이 되기 위해 영어 이외에도 세계사, 국사, 정치, 경제 등 전반적인 지식을 쌓는 가운데 특히 국제 경제학과 국제 정치학, 역사를 깊이 공부하고 싶습니다. 그리고 반크와 같은 민간 외교 단체 활동에 참여하여 다양한 경험을 쌓아갈 계획입니다. 또 사회 봉사활동 등을 통해 인성 계발에도 힘 쓸 것입니다. 이렇게 자기 계발에 힘써서 대학교 3학년이 되어서는 외무고시를 준비할 계획입니다.

③ 졸업 후의 진로 계획

대학을 졸업 후 저는 외무고시에 도전할 것입니다. 대학 기간 동안 쌓은 지식을 바탕으로 졸업 후에 더 집중적으로 공부하여 외무고시에 응시할 계획입니다. 외무고시는 20세 이상 30세 미만이라는 연령 제한이 있기 때문에 가급적이면 일찍 준비를 시작해서 기회를 많이 가지도록 노력할 것입니다. 만약 외무고시에 합격을 하지 못하더라도 외교 활동을 할 수 있는 다른 방법은 있기 때문에 꿈을 쉽게 포기하지는 않을 것입니다. 국가직 공무원 시험에 응시하여 외무행정 공무원으로 외교부에 들어가는 방법도 있다고 알고 있는데, 꼭 외무고시에 합격해 5급 공무원으로 시작할 필요는 없으므로 외무행정공무원으로서 경험을 쌓아가는 것도 좋다고 봅니다. 궁극적으로 제가 바라는 것은 외교관이 됨으로써 다른 나라로부터 우리나라의 이권을 지키고, 우리를 널리 알리는 것입니다. 따라서 과정은 힘들지라도 부단한 노력으로 외교관이 될 것입니다.

자기소개서의 작성 ④

서울 S대 공대를 지원한 다른 학생의 자기소개서를 보자.

1.
자신의 장·단점을 발휘하거나 개선하기 위해 노력한 경험이나 사례를 구체적으로 기술하십시오.

저의 단점 가운데 하나는 친구들과의 약속을 소홀히 여긴다는 것입니다. 1, 2년 전만 하더라도 저는 친구들과의 약속에 항상 늦곤 했습니다. 보통은 5분에서 많게는 20분 정도까지 늦게 나가는 것이 일상이 되어 버렸습니다. 그렇게 되니 학원에도 지각 하는 일이 많이 생기게 되었습니다. 그러던 중 저는 '학원 선생님'에게 '네가 약속에 늦는 이유를 한 번 곰곰이 생각해보고 어떻게 고쳐야 할지도 생각해 보는 게 어떠니?' 라는 충고를 듣고, 저의 지각하는 습관을 진지하게 생각해 봤습니다. 사회에 나가면 사회 생활에서 많은 약속들을 하게 되는데 처음 한두 번 늦게 약속에 나가게 되면 그 것이 습관이 되고, 그 것이 습관이 되면 다른 사람들은 저를 '저 사람은 항상 늦는 사람이구나!'라고 인식하게 될 것입니다. 그렇게 생각하자 저는 이 습관을 고쳐야겠다고 생각했습니다.

그 때 저는 제가 왜 늦는지 곰곰이 생각해 보았습니다. 문득 생각난 것이 제가 항상 약속시간에 정확히 맞추어 나가려고 여유를 부리다가 시간을 놓치거나, 다른 일이 갑자기 생겨서 늦게 나가는 일이 대부분이었습니다. 그래서 '어떻게 하면 고칠 수 있을까'라고 생각하던 중 '손목시계의 시간을 일찍 맞추어 놓으면 어떨까'하는 생각이 들었습니다. 손목시계의 시간을 10분 일찍 맞추어 놓으면 10분이라는 시간이 남기 때문에 다른 일이 생기더라도 약속에 늦지 않기 때문입니다. 그 이후부터는 제가 빠르게 맞추어 놓은 시계 덕분에 항상 약속 시간에 5분에서 10분 미리 나가게 되었고, 더 이상 약속에 늦게 나가는 일이 없었습니다. 그리고 이로 인해 모든 일에 미리 대처하는 습관을 가질 수 있게 되었고, 남은 시간에 다시금 생각해 볼 수 있는 여유가 생겼습니다.

이 일이 있은 이후 저에게는 또 다른 변화가 생겼습니다. 바로 조그만 변화에서도 큰 변화가 일어날 수 있다는 것입니다.

2.

자신이 가장 감명 깊게 읽은 책과 그 이유를 설명하고, 그것이 자신의 삶에 주는 의미를 기술하십시오.

가장 감명 깊게 읽은 책은 김진명 씨의 『바이코리아』라는 책입니다.

이 책을 처음 접하게 된 계기는 고등학교 1학년 때, 누나의 추천 때문이었습니다. 어렸을 적부터 자연계를 갈망해오던 저 자신을 잘 알고 있었던 누나여서, 저에게 이 책을 서슴없이 소개해주었습니다. 이 책을 통하여 저는 한국 이공계의 현실을 단편적으로 나마 볼 수 있었습니다.

이 책의 주된 내용은 한국의 인재들이 국내에서 해외의 장학재단에 의해서 빠져나가는 것, 그리고 그 유학생들이 다시 한국에 오는 것을 기피하는 점, 한국에 있어서 필수불가결 요소인 이공계를 장려해야 하는 점, 그리고 한국의 경제와 위상을 높이는 것은 결국 이공계라는 점을 강조하는 것이었습니다.

비록 소설이었지만 저에게 이 책은 미래에 대한 지표를 알려주었습니다. 제가 이 책을 접할 때에는 무엇을 해야 할 것 인지, 어떻게 살아가야 하는지 도저히 알기 어려웠을 때였습니다. 그때 당시 저의 고민은 "의대나 약대를 가서 안정한 삶을 살아갈 것인가?", 아니면 "공학도의 길로 계속 나아가 당시에 불안할지는 모르지만, 진취적이고 모험적인 삶을 살아갈 것인가?" 이었습니다. 한참동안 이런 고민들을 해왔고, 그러던 중 이 책을 읽었고, 또 이 책으로 인해저의 미래에 대한 갈피를 잡을 수 있었습니다. 이 책을 보면서 '아! 의대나 약대가 비록 안정되고 보장된 직업이지만, 나 혼자만의 이익을 위하기보다는 사회, 국가, 나아가서는 세계에 공헌할 수 있는 공학자가 되도록 노력하자!'라는 생각 들었습니다. 그로인해 저의 불확실했던 미래에 대한 진로가 확실히 정해질 수 있었습니다. 짧게는 공대에 들어가 공학도의 길을 걸어가고, 길게는 세계적인 공학박사가 되어야겠다는 것입니다.

책은 재미를 주지만, 또한 미래를 주기도 합니다. 이 책을 통하여 저는 제 미래를 정하였고, 또 제 의지를 굳게 만들었습니다. 이 책은 제 인생에 있어서 전환점을 마련해 준책입니다.

자기소개서의 작성 ⑤

다음은 서울 명륜동 소재 S대를 지원한 학생 자기소개서이다.

1.

앞에 제시된 '新 성균 인재상'을 바탕으로 ① 해당 전공분야에 지원하게 된 동기, ② 입학 후의 학업계획 및 자기계발계획, ③ 졸업후의 진로계획을 구체적으로 기술하십시오.

① 제가 공학계열 학과에 지원하게 된 동기는 공학이라는 학문이 제가 살아가는 이유 중 하나가 된다고 생각해서입니다. 사람이 살아가는 이유는 천차만별입니다. 하지만 각자에게 주어진 능력이 다르며, 또 관심이 있는 분야가 다릅니다. 이러한 주어진 능력을 제대로 활용해야만 저의 진정한 삶의 의의를 알고, 목표를 향해 끝까지 나아갈 수 있을 것이고, 또 사회에 더 많은 이바지를 할 수 있을 것이라 생각합니다. 사람에게 주어지는 여러 가지 능력 중 저에게 주어진 능력은 수학, 과학이라고 생각합니다. 저는 어렸을 적부터 수학, 과학 분야에 관심이 많았고, 다른 분야보다 더 뛰어난 재능을 가지고 있다고 생각하면서 살아왔습니다. 그래서 수학, 과학을 할 때면 다른 분야들보다 더 집중이 잘 되었고, 질리지 않고 항상 재미있었습니다. 자신의 직업과 미래를 고려할때 가장 중요한 조건은 그 것에 대한 열정과 관심, 그리고 소질 일 것입니다. 그래서 저는 저의 열정이 향하는 방향, 관심, 소질을 고려해본 결과 공학도가 가장 잘 맞았다고 생각합니다.

그리고 성균관대학교에서는 3품제도가 있다고 들었습니다. 이 제도가 성균관대학교가 가지는 장점 중 하나라고 생각합니다. 왜냐하면 사람이 목표가 없으면 나태해지고 안일해지기 마련인데, 학교 차원에서 외국어 소양, 정보 소양, 인성 소양을 꼭 갖추도록 정해두었으므로 그것을 꼭 지켜야 하기 때문입니다. 평소 저 또한 대학교에 올라가면 외국어를 능숙하게 할 수 있도록 공부하고 싶었는데 저의 계획과 맞아 떨어져서 잘 활용할 수 잇을 것 같아 지원하게 되었습니다.

② 입학을 하게 되면, 저는 우선 전공과목에 주력을 둘 것입니다. 고등학교 때에는 좋아하는 과목을 하고 싶어도 시간과 깊이에 한계가 있었습니다. 하지만 대학에 들어가서는 전공과목을 깊고 자세히 공부할 수 있기 때문에 그 점

을 활용할 것입니다.

우선 1학년 때는 필수과목은에 비중을 많이 두고 공부 할 것입니다. 왜냐하면 1학년 성적으로 2학년 때 학과를 정하기 때문입니다. 미리 공부를 해서 좋은 성적을 받아 놓지 않으면 제가 원하는 학과에 들어 갈 수 없는 일이 생기기 때문에 미리부터 그것을 예방하기 위해서입니다.

화학공학이 응용될 수 있는 분야는 무궁무진합니다. 그 중 저는 생화학공학과, 무기신소재 방면에 관심이 많습니다. 그래서 2학년 때 화학공학과나 신소재공학과 쪽으로 진학할 것입니다. 이 두 학과에 지원을 하는 가장 큰 이유는 제가 화학을 무척 좋아하고, 저 자신이 생각하기에 재능이 있다고 생각되어서입니다. 비록 교내상이긴 하지만 화학경시대회 우수상을 받은 적이 있습니다. 이런 기초 지식을 통하여 대학생활에 도움이 되도록 노력 할 것입니다. 3, 4학년 때는 진로를 위한 전공 분야의 공부를 할 것입니다. 바로 저의 꿈을 위해서 대학원에 진학하기 위한 사전 준비를 하기 위해서입니다.

그리고 저는 대학교 생활을 통해서 다양한 경험들을 쌓고 싶습니다. 물론 고등학교 때 경험을 쌓지 못하였다는 것은 아닙니다. 하지만 고등학교에서는 여러 가지 제약이 있어서 못해본 일이 많이 있었기 때문입니다. 특히 동아리 활동에서인데, 고등학교에서는 축제를 위해서 하는 형식적인 동아리가 대부분 이었습니다. 그리고 시간과 공간에 제약이 많아서 동아리 활동을 하기란 쉽지 않았습니다. 그래서 대학교에 들어가서는 동아리 활동을 제대로 해보고 싶습니다. 저는 평소에 영화에 관심이 많이 있었습니다. 영화를 보는 것을 즐거워하고 또 평가하는 것도 좋아합니다. 그러나 여기에 만족하지 않고 독립영화도 만들어 보고 싶었습니다. 그래서 성균관대학교에 있는 "영상촌" 동아리에 들어 갈 것입니다. 오래된 전통을 가지고 있다고 들었고, 또 다양한 활동을 하고 있는 동아리기에 더욱 마음에 들었습니다. 그 곳에서 저는 영화를 만들어 독립영화제에도 나가 보고 싶습니다.

③ 졸업 후 저의 1순위 목표는 대학교 과정 중 저의 적성을 다시 한 번 고려하여 그에 맞는 대학원에 진학할 것입니다. 그 곳에서 하고 싶은 연구를 하고, 논문을 계속 쓰고 싶습니다. 그리고 그에 따라서 박사 과정까지 밟아서 제가 하고 싶은 연구를 평생 하며 살아가는 연구원이 되고 싶습니다. 물론 도중에 예상하지 못한 일이 일어나겠지만 저는 올바른 판단을 통하여 제 꿈을 위해 나아 갈 것입니다. 그래서 국가와 사회에 꼭 필요한 공학인이 되도록 노력할 것입니다.

자기소개서의 작성 ⑥

또 다른 학생의 자기소개서를 보자.

자기소개
(본인의 장·단점, 지원 동기, 리더십, 창의적인 정신, 국제적 감각에 대한 자기 평가, 장래 희망 등을 A4지 2매 이내로 자유롭게 기술하십시오.)

　제가 공학계열의 학과에 지원하게 된 동기는 공학이라는 학문이 제가 살아가는 이유 중 하나가 된다고 생각해서입니다. 사람이 살아가는 이유는 천차만별입니다. 하지만 각자에게 주어진 능력이 다르며, 또 관심이 있는 분야가 다릅니다. 이러한 주어진 능력을 제대로 활용해야만 저의 진정한 삶의 의의를 알고, 목표를 향해 끝까지 나아갈 수 있을 것이고, 또 사회에 더 많은 이바지를 할 수 있을 것이라 생각합니다. 사람에게 주어지는 여러 가지 능력 중 저에게 주어진 능력은 수학, 과학이라고 생각합니다. 저는 어렸을 적부터 수학, 과학 분야에 관심이 많았고, 다른 분야보다 더 뛰어난 재능을 가지고 있다고 생각하면서 살아왔습니다. 그래서 수학, 과학을 할 때면 다른 분야들보다 더 집중이 잘 되었고, 질리지 않고 항상 재미있었습니다. 자신의 과 미래를 고려할 때 가장 중요한 조건은 그것에 대한 열정과 관심, 그리고 소질일 것입니다. 그래서 저의 열정이 향하는 방향, 관심, 소질을 고려해본 결과, 공학도가 가장 잘 맞았다고 생각합니다.

　저는 그리고 특히 포스텍를 지원하는 가장 큰 이유는 제가 공부를 할 수 있는데 가장 최적의 조건을 가지고 있기 때문입니다. 가장 마음에 드는 점이 사제 간 연구 프로그램의 활성화입니다. 입시설명회 때 설명해주시는 교수님께서 말씀하신 것이 포스텍에서는 학생들도 교수님의 연구에 참여를 많이 한다는 것이었습니다. 제 장래희망이 하고 싶은 연구를 평생하며 살아가는 연구원이기 때문에, 미리부터 연구 프로그램을 많이 접해보는 것이 많은 도움이 될 것이라고 생각 되었습니다.

　그리고 포항공대의 가족 같은 분위기가 마음에 들었습니다. 저희 학교에 포스텍에 합격하신 선배분께서 말씀하시기를 "포스텍에서는 교수님과 학생이 모르는 일이 거의 없어. 일단 한 수업 당 학생 수가 적고, 담임교수님도 계셔서 진로 방향을 상담해 주시고, 성적 상담도 해주셔."라고 말하셨습니다. 저는 이 말을 듣고는 확신 했습니다. 포스텍이라면 저의 꿈을 이루어 나가는

데 더 이득이 될지언정 손해 보는 일은 결코 없을 것이라고 말입니다.

저의 가장 큰 장점은 긍정적인 사고입니다. 저는 항상 모든 일을 긍정적으로 바라보고 자주 웃습니다. 그 결과 주위에 친구들도 많은 편이고, 성격도 밝습니다. 저는 제 장점인 긍정적인 사고를 모든 분야에서 이용될 수 있다고 생각합니다. 특히 무언가를 탐구하고 실험하는 데에 있어서 긍정적인 사고는 필수적인 요건 중의 하나라고 생각합니다. 에디슨이 전구를 발명할 때에도 긍정적인 사고는 필수 조건이었습니다. 그 많던 실패들을 하나하나의 성공의 단계로 생각하는 에디슨의 긍정적인 사고야말로 전구 발명의 가장 근본적인 밑바탕이 되었다고 생각합니다.

그리고 저는 대학교 생활을 통해서 다양한 경험들을 쌓고 싶습니다. 물론 고등학교 때 경험을 쌓지 못하였다는 것은 아닙니다. 하지만 고등학교에서는 여러 가지 제약이 있어서 못해본 일이 많이 있었기 때문입니다. 특히 동아리 활동인데, 고등학교에서는 축제를 위해서 하는 형식적인 동아리가 대부분 이었습니다. 그리고 시간과 공간에 제약이 많아서 동아리 활동을 하기란 쉽지 않았습니다. 그래서 대학교에 들어가서는 동아리 활동을 제대로 해보고 싶습니다.

저는 평소에 영화에 관심이 많이 있었습니다. 영화를 보는 것을 즐거워하고 또 평가하는 것도 좋아합니다. 그러나 여기에 만족하지 않고 독립영화도 만들어 보고 싶었습니다. 그래서 포스텍에 있는 "focuss" 동아리에 들어 갈 것입니다. 비록 영화 감상 동아리로 되어있지만, 마음이 맞는 사람이 생긴다면 같이 독립영화도 만들어서 독립영화제에도 나가보고 싶습니다.

입학을 하게 되면, 저는 우선 전공과목에 주력을 둘 것입니다. 고등학교 때에는 좋아하는 과목을 하고 싶어도 시간과 깊이에 한계가 있었습니다. 하지만 대학에 들어가서는 전공 과목을 깊고 자세히 공부할 수 있기 때문에 그 점을 활용하여 미처 펴지 못하였던 저의 공부 욕구를 만족시키고 싶습니다. 그리고 학점 관리를 잘해서 해외 어학 연수도 자주 가보고 싶습니다.

졸업 후 저의 1순위 목표는 대학교 과정 중 저의 적성을 다시 한 번 고려하여 그에 맞는 대학원에 진학할 것입니다. 그 곳에서 하고 싶은 연구를 계속 하고 싶습니다. 그리고 그에 따라서 박사 과정까지 밟아서 하고 싶은 연구를 평생 하며 살아가는 연구원이 되고 싶습니다. 물론 도중에 예상하지 못한 일이 일어나겠지만 저는 올바른 판단을 통하여 제 꿈을 위해 나아 갈 것입니다. 그래서 국가와 사회에 꼭 필요한 공학인이 되도록 노력할 것입니다.

위 글의 부족한 점이 눈에 띤다.

첫째, 표현의 문제이다. 가령 "여러 가지 능력 중 저에게 주어진 능력은 수학, 과학이라고 생각합니다."라는 표현은 자신에 대한 근거 없는 과신에서 오는 것이기 때문에 거부감이 들 수 있다. 그래서 이를 "제가 관심을 가지고 있는 과목은 수학, 과학이라고 생각합니다."라고 표현 하는 것이 자연스럽다. 또 "선배분께서 말씀하시기를"도 이 글을 읽는 이를 고려해야 한다. 왜냐하면 이 글을 읽는 이가 대학 교수이고, 연장자이기 때문에 자신보다 높지만 더 존칭이 필요한 경우는 "선배님이 말하기를"로 하는 것이 적당하다. 한 가지 더 지적한다면, "저는 항상 모든 일을 긍정적으로 바라보고 자주 웃습니다."라는 글도 "저는 항상 긍정적으로 사고합니다."로 기술하는 것이 적당하다. 왜냐하면 긍정적으로 생각하면 반드시 웃는 모습이어야 하는가?라고 반문이 생기기 때문이다. 따라서 부연설명을 하거나 앞에서 고친 글의 상태이면 적당할 것이다.

둘째, 과감한 생략이 필요하다. 첫 번째에서도 지적했지만 이 글은 생략이 필요한 글이다. 가령, "도중에 예상하지 못한 일이 일어나겠지만"이라는 표현은 전체 문장에 어울리지 않는다.

셋째, 불필요한 수식어가 남발하고 있음을 볼 수 있다. 가령 "그래서 수학, 과학을 할 때면 다른 분야들보다 더 집중이 잘 되었고, 질리지 않고 항상 재미있었습니다."에서 "집중이 잘 되었고, 질리지 않고"를 "집중이 잘 될뿐만 아니라 재미도 있었습니다."로 고치면 문장이 부드러워진다는 것을 알 수 있다.

넷째, 구체성이 부족하다. 가령, "국가와 사회에 꼭 필요한 공학인이 되도록 노력할 것입니다."라고 했는데, 앞의 글과 비교해 보면 무엇을 어떻게 공헌하겠다는 뜻인지 불분명하다. 따라서 좀 더 구체적인 전공 관련 공헌도를 언급할 필요가 있다.

2) 추천서 쓰기와 고쳐쓰기

다음은 포항의 명문 P대학에 진학하는 학생의 추천서의 내용이다. 추천서는 그 대상에 대한 종합적 평가이다. 개인의 역량을 포함해서 인격까지를 추천자가 솔직하고 객관적으로 평가해야 한다. 따라서 추천서를 쓰는 사람은 당연히 그에 대해 상세하게 알아야 할 것이다.

학생의 평가

귀교는 학문 중심, 연구 중심의 대학으로 알고 있습니다. 따라서 추천학생은 이에 부합하는 학생으로 판단됩니다. 저는 1학년 때부터 국어수업을 가르쳤습니다. 교과담당보다 담임이 추천학생에 대해 더 잘 알 것입니다. 1학년 때 담임교사였던 ㅇㅇㅇ 선생님(기술)은 학생에 대해서 "각 교과 성적이 양호하며 문제해결력이 창의적이고 응용력이 뛰어나 앞으로 많은 발전이 있을 것으로 기대 한다"라고 평가했습니다. 또 2학년 담임교사였던 ㅇㅇㅇ 선생님(한문)은 추천학생에 대해서 "밝고 활기차서 사교성이 좋아 학생들에게 인기가 많으며, 학업 성적도 우수하다."라고 말했습니다. 여러 학생들이 가진 장점인 성적 뿐만 아니라 학생의 장점은 성적만이 아니라 덕성을 겸비하는 것이라 판단됩니다. 1, 2학년도 담임 교사의 평가는 현재 3학년 담임인 저도 전적으로 동의합니다. 위 학생은 완성된 인격이 아니라 학생의 덕목을 고루 갖추었다고 판단합니다.

학생의 학력 수준

추천 학생은 교내 과학경시 대회에서 <화학> 분야(2006. 7. 15)에서 우수상을 받았습니다. 고로 화학 분야에 관심이 많은 학생입니다. 학생이 지망하는 학과는 화학공학 분야입니다. 또 학문의 세계화를 선도하는 귀 대학에서 제대로 강의와 연구를 하려면 외국어(영어)에 대한 관심도도 높아야 된다고 생각합니다. 그는 영어 학업우수상을 받을 만큼 우수한 학생입니다. 뿐만 아니라 학업에 대한 열의가 강하기 때문에 모든 성적이 상위권일 뿐 아니라, 모든 교과 과목에서 고른 성적을 유지하고 있습니다.

어떤 전공을 하더라도 인접 학문에 대한 관심과 흥미가 있다는 반증일 것입니다. 저는 국어를 가르치기 때문에 화학 분야, 즉 과학 분야에 대한 이해가 부족합니다만, 특이 이과 계통은 실험이나 연구가 공동으로 진행된다는 이야기를 종종 듣고 있습니다. 따라서 공동체 의식의 중요하다고 생각합니다. 추천 학생은 1학년 때 단체 활동(학생 수련회)에서 모범적인 학생이기에 수련회 표창장(2004.11.12)까지 받았습니다.

학급에서 컴퓨터 도우미 역할을 합니다. 컴퓨터에 대한 관심이 보통 학생들의 관심에 대해 결코 뒤처지지 않습니다.

학생의 인격

그리고 담임인 제가 한 가지를 더 시켰는데, 반의 출석부를 아침에 교무실에서 교실로 가져 왔다가 오후 수업 종료 때 다시 교무실에 가져다 놓는 일입니다. 매일매일 해야 하기 때문에 책임감이 있어야 하는 일입니다. 한번은 출석부를 교무실에서 교실로 가지고 가지 않은 적이 있었습니다. 그래서 꾸짖은 적이 있었는데, 화난 기색도 보이지 않았습니다. 3학년 담임으로써 짜증나는 일이 있어 화를 낸 적도 있었습니다. 그러나 항상 밝고 건강한 얼굴로 저를 대했습니다. 그만큼 마음이 건강하다고 생각합니다. 그리고 1학년, 2학년 담임 선생님 말처럼 매사에 적극적이며 활발하며 주변 친구들에게 좋은 평가를 받는 학생입니다, 그리고 어눌하지만 물음에 대한 자신의 생각도 짧고 간명하게 대답하는 학생입니다. 추천 학생은 귀 대학교가 합격을 결정합니다. 제가 가르쳤던 학생 가운데 인성과 학업 성적이 우수한 학생입니다. 귀대학교에서 거목으로 자라도록 지도해 주시면 장래가 촉망되는 인재가 될 것입니다.

항상 밝고 건강하기 때문에 오히려 여유롭게 보이거나 방만하게 보일지 모르나 생활이나 자신의 노력이 게으른 학생도 아닙니다. 오히려 딱딱할 수 있는 학문과 연구에 지쳤을 때 밝고 건강한 성격이 큰 도움이 되리라 믿습니다.

실제 쓰기의 문제점

추천자는 당연히 추천 대상 학생에 대해서 상세히 알아야 한다. 알지 못하면 추천서는 당연히 추상적이면서 일반적인 수준의 좋은 주례사의 글을 쓰게 된다. 따라서 면담을 하거나 자신의 이야기를 직접 경청해서 추천서를 쓰는 것도 한 방법이다. 대체로 학생의 학업 성적, 인격적인 부분을 포함한 장점을 부각시키면서 사실성에 근거하여 진술하는 것이 좋다.

첫째, 글의 구조상 불필요한 부분이 있다는 점이다. 가령, "저는 1학년 때부터 국어 수업을 가르쳤습니다."는 문장 앞뒤 구조상 불필요한 부분이다. 삭제하든지 아니면 이와 관련한 이야기를 이끌어 가야 한다.

둘째, 글의 순서를 정하는 것도 문제입니다. 가령, "추천학생은 귀 대학교가 합격을 결정합니다. 제가 가르쳤던 학생 가운데 인성과 학업 성적이 우수한 학생입니다. 귀대학교에서 거목으로 자라도록 지도해 주시면 장래가 촉망되는 인재가 될 것입니다."라는 문장을 말미에 두어 대학교의 결정이 중요함을 다시 한 번 인식시킬 수 있다.

실제 쓰기의 고친 예

귀교는 학문 중심, 연구 중심의 대학으로 알고 있습니다. 추천 학생은 이에 부합하는 학생으로 판단됩니다. 교과 담당보다 담임이 추천 학생에 대해 더 잘 알 것입니다. 1학년 때 담임 교사였던 ○○○(기술)는 학생에 대해서 "각 교과 성적이 양호하며 문제 해결력이 창의적이고 응용력이 뛰어나 앞으로 많은 발전이 있을 것으로 기대한다."라고 평가했습니다. 또 2학년 담임 교사였던 ○○○(한문)은 추천 학생에 대해서 "밝고 활기차서 사교성이 좋아 학생들에게 인기가 많으며, 학업 성적도 우수하다."라고 말했습니다. 좋은 학생이란 성적뿐만 아니라 덕성을 겸비한 학생이라 생각합니다. 1, 2학년 담임 교사의 평가와 함께 3학년 담임인 저도 전적으로 동의합니다. 완성된 인격이 아니라 학생의 덕목을 고루 갖추었다고 판단합니다.

추천 학생은 교내 과학경시 대회에서 <화학>분야(2006.7.15)에서 우수상을 받았습니다. 학생은 화학 분야에 관심이 많은 학생입니다. 추천 학생이 지망하는 학과는 화학 공학 분야라 이에 적합한 학생이라고 생각합니다. 화학 공학은 화학을 기반으로 하는 학문으로 알고 있습니다. 화학에 대한 많은 관심을 가진 또 학문의 세계화를 선도하는 귀 대학에서 제대로 강의를 듣고 연구를 하려면 외국어(영어)에 대한 관심도 높아야 된다고 생각합니다. 그는 영어(학업우수상)를 받을 만큼 우수한 학생입니다. 뿐만 아니라 학업에 대한 열의가 강하기 때문에 모든 성적이 상위권일 뿐 아니라 모든 교과 과목에서 고른 성적을 유지하고 있습니다.

어떤 전공을 하더라도 인접 학문에 대한 관심과 흥미가 있다는 반증일 것입니다. 저는 국어를 가르치기 때문에 화학분야, 즉 과학 분야에 대한 이해가 부족합니다만, 특히 이과 계통은 실험이나 연구가 공동으로 진행된다는 이야기를 종종 듣고 있습니다. 따라서 공동체 의식의 중요하다고 생각합니다. 추천 학생은 1학년 때 단체 활동(학생 수련회)에서 모범적인 학생이기에 수련회 표창장(2004.11.12)까지 받았습니다. 학급에서는 컴퓨터 도우미 역할을 하고 있습니다. 컴퓨터에 대한 관심이 보통 학생들의 관심에 대해 결코 뒤지지 않습니다.

3학년 담임으로써 짜증나는 일이 있어 화를 낸 적도 있었습니다. 담임인 제가 컴퓨터 도우미 외에 한 가지를 더 시켰는데, 반의 출석부를 아침에 교무실에서 교실에 가져 왔다가 오후 수업 종료 때 다시 교무실에 갖다 놓는 일입니다. 매일매일 해야 하는 일입니다. 언젠가 한번은 출석부를 교무실에서 교실로 가지고 가지 않은 적이 있었습니다. 그래서 꾸짖은 적이 있었는데, 화난 기색도 보이지 않았습니다. 오히려 밝고 건강한 얼굴로 저를 대했습니다. 그만큼 마음이 건강하다고 생각합니다. 그리고 1학년, 2학년 담임 선생님 말처럼 매사에 적극적이며 활발하며 주변 친구들에게 좋은 평가를 받는 학생입니다.

항상 밝고 건강하기 때문에 오히려 여유롭게 보이거나 방만하게 보일지 모르나 생활이나 자신의 노력이 게으른 학생이 아닙니다. 오히려 딱딱할 수 있는 학문과 연구에 지쳤을 때, 밝고 건강한 성격이 큰 도움이되리라 믿습니다. 추천학생은 귀 대학교가 합격을 결정합니다. 제가 가르쳤던 학생 가운데 인성과 학업 성적이 우수한 학생입니다. 귀 대학교에서 거목으로 자라도록 지도해 주시면 장래가 촉망되는 인재가 될 것입니다.

3) 표현의 유의점

❶ 지나치게 주관적인 자화자찬은 금물이다. 비록 그 분야에서 뛰어나다고 해도 객관적 자료를 나열하고, 그 분야의 관심 정도를 표현하는 것이 좋다.

❷ 사실 나열만으로 표현하는 것을 가급적 피해야 한다. 왜냐하면 자신의 주장이 설득력을 잃기 때문이다.

❸ 추상적 진술은 상대방으로 하여금 오해나 상상의 여지를 남기기 때문에 정확하고 객관적으로 서술하는 것이 좋다.

❹ 무엇이든 할 수 있다는 표현은 자신감이기보다는 상황 판단이 부족한 것이다. 따라서 무엇에 대해서 혹은 어떤 부분에 관심이 많다거나 경험이 있기 때문에 쉽게 적응할 수 있다고 표현하는 것이 좋다.

1. 자화자찬하기와 문제점 발견

_____
_____
_____
_____
_____
_____
_____
_____
_____
_____

2. 자기소개서 쓰기

_____
_____
_____
_____
_____
_____
_____
_____
_____
_____
_____

2. 언어영역
공부방법

필자는 수능과 관련하여 학생들에게
몇 가지 언어 영역 학습 방법을 설명하고자 한다.
주지하다시피 절대적인 방법이 아니라 상대적 방법인 것이다.
또 자신에게 맞는 학습법은 따로 선택할 필요성이 있다.

대수능의 언어 영역 시험은 수험생의 사고력을 측정하는 도구 과목이다. 그래서 모든 교과 영역의 기초가 되는 사고력을 측정하는 시험인 것이다. 그렇기 때문에 60문항의 100점(2008학년도부터는 50문항, 시간은 80분)이라는 수능 시험 이상의 의미가 있다. 왜냐하면 모든 교과의 수업 및 시험의 진행상이 언어로 전개된다는 점에서 큰 의미가 있는 것이다. 수업 진행상도 국어 지식에 대한 교사와 학생들의 사고의 교환 과정이다. 교과서 지식 내용에 대한 사고를 측정하는 것이 언어 영역이다. 그러면 이런 과목의 현실적인 공부 방법은 없을까? 단언컨대 열심히 공부하라, 그러면 된다고 잘라 말할 수 있다. 그런데 이는 결론이지 방법론은 아니다. 그래서 좀더 구체적인 실천 방법 몇 가지를 제안해 보겠다.

첫째, 수업 시간에 열심히 들어라. 왜냐하면 교과서를 통해서 중요한 개념을 파악할 수 있다. 수능 시험의 출제 원칙은 교과서의 개념을 넘어서지는 않는다. 따라서 학교 수업 시간에 듣는 학습의 중요 개념은 곧 수능의 문제 해결력의 기초가 된다. 실제 수능 문제와 교과서의 관련성을 짚어 보면 교과서 지문도 있지만 교과서의 중요 개념을 중심으로 출제되었다는 것을 알게 된다. 그러니 열심히 수업에 임하는 것이 중요하다.

듣기-6문항은 교사의 설명을 통해서 훈련이 된다. 그리고 쓰기-6문항은 어휘/ 어법 문제니 만큼 평소 이에 대한 관심(혹은 문법 교과서)을 기울이면 충분하다. 그리고 문학 읽기-25문항은 교과 시간에 충분히 다루어지는 것들이다. 단지 학생들이 하지 않을 뿐이다. 그러니 다시 한번 강조하느니 수업 시간에 열심히 들어라고 충고하고 싶다.

둘째, EBS 방송 수업은 문제 풀이와 교과서 단원 요약 정리가 장점이다. 이들 집필진이나 방송 강사 가운데는 수능 혹은 모의 고사와 관련 있는 교사가 많이 있기 때문에 수능 문제에 대한 감각을 익히는데 상당히 도움이 된다. 물론 여타의 문제집도 문제 해결의 감각을 키워 주기 때문에 당연히 관심을 기울여야 한다.

셋째, 폭 넓은 교양 도서를 읽어야 한다. 왜냐하면 출제 위원들은 주로 각 영역별(대략 인문/예술/사회/과학/기술)로 전공 교과를 4-5 문제 정도 출제하는데, 교과서를 넘지 않지만 폭넓은 교과를 다루기 때문에 이에 대한 교양 독서가 상당한 도움이 된다. 물론 이는 나아가 자신의 교양과 동시에 논술과 면접에 지대한 영향을 줄 것이다. 요즘 서점에 가면 쉽게 이런 류(類)의 서적들을 구할 수 있을 것이다.

그리고 수능 이후, 대학 논술과 구술 고사에 대한 조언을 한다면 다음과 같다.

논술은 말 그대로 논리적인 진술이다. 논리적인 진술은 논리적 사고가 기초이고, 진술은 주어진 문제에 대해서 쓰는 것이다. 논리성을 갖추려면,

① 논리적인 수업 장면이 도움이 될 것이다.
② 논리와 관련한 독서가 도움이 될 것이다. 서점에 이런 류(類)의 서적들이 도움을 줄 것이다.
③ 수업 시간에 논리적인 태도를 가지면 도움이 될 것이다.

그리고 진술하는 방법을 배우려면,

① 다양한 주제를 가지고 일주일에 한 번은 글을 써야 한다.
② 쓴 글을 반드시 선생님의 조언을 받아야 한다.
③ 조언과 동시에 자신의 생각을 비추어 보아야 한다.

또 구술을 잘하려면 주어진 문제에 대한 구두의 진술이다. 따라서 조리 있게 말하되 예의 범절을 지켜 말하는 것이다.

① 수업 시간에 문제적 시각을 가지고 들어야 한다.
② 질문에 대한 답을 논리적으로 할 기회를 자주 접해야 한다.
③ 시사와 뉴스에 대한 감각을 익혀야 한다.

이제껏 이야기한 것이 추상적으로 들릴지 모르지만, 이것은 <분명 실천>의 문제이지 수능에 대한 대단한 정리는 아니다. 따라서 실천하는 학생들은 위의 정리가 무엇을 뜻하는 지 분명 알 것이다. 실천하는 학생만이 언어 영역에서 고득점 할 수 있다. 여기에다 성적 향상을 위해 교사, 학생, 학교의 삼위일체가 될 때 좋은 결과를 얻을 수 있다.

3. 입시논술
교육계획서

논술 교수-학습 계획서

단계	차시	강의 제목	교수 방법			준비물
			강의식	토의식	원고지	
1단계	1	논술이란 무엇인가?	O			공책
	2	논술은 학습 전략이 필요한가?	O			"
	3	입시 논술의 유형을 찾아볼까?	O			"
2단계	4	좋은 논술의 요건은 무엇인가?	O	O		"
	5	실제 논술은 어떻게 쓰면 좋을까?	O		O	공책/원고지
	6	개요 작성은 어떻게 하면 좋을까?	O			"
3단계	7	논술의 서론은 어떻게 쓰면 좋을까?	O	발표	O	"
	8	본론의 '구성적 아이디어'를 어떻게 쓰면 좋을까?	O	발표	O	"
	9	논술의 결론은 어떻게 쓰면 좋을까?	O	발표	O	"
	10	논술을 쓸 때 유의점은 무엇일까?	O			공책
4단계	11	원고지 사용법 및 문장 부호 쓰기는 어떻게 할까?	O			원고지
	12	자기소개서는 어떻게 쓸까?	O	발표	O	공책/원고지

입시 논술 교육의 3단계

과정	독서(+쓰기)		토론(+쓰기)		논술의 실제		
학년	1학년 1학기	2학기	2학년 1학기	2학기	3학년 1학기	2학기	수능 이후
영역	읽기(이해)	(쓰기)	말하기 · 듣기	(진학 대학별 기출 문제 분석 및 파악)	쓰기(실제) /수시	(수능)	대학별 기출 분석 및 논술문 쓰기
학습 발달 연계성	독서(개요 작성) ──────────── 제시문 이해 / 배경 지식 영향 토론(개요 작성) ─── 논증(주장+근거) / 논점 잡기						
참고 도서	*이대규, 『수사학 : 독서와 작문의 이론』, 신구문화사, 2003.		*한상철, 『토론』, 커뮤니케이션북스, 2006.		* 대학별 기출 문제 실전		